KB273333

메이커스 진화론

메이커스 진화론

IoT와 기술혁명은 개인과 기업에게
어떻게 기회를 열어줄 것인가

오가사하라 오사무 지음 | 노경아 옮김

더숲
THE SOUP

"Break the display"
IT와 인터넷을 화면 밖에 구축하다

모든 메이커스의 목표는 IT와 인터넷을 PC나
스마트폰에 담지 않고 화면 바깥의 다양한 사물(事物)에 담아
서로 연결되게 하는 것, 즉 IoT의 실현이다.
IoT야말로 제조업을 진화시킬 최대의 무기다.

차례

제2장　물건 제조의 진화
– 모듈화 · 셋업 · 3D 프린터

제3장 물건을 넘어 '사물'의 수익화로
– 스마트화 · 인더스트리4.0 · IoT

제4장 IoT 이후의 미래
– 메이커스가 세상을 바꾼다

진화하는
제조업의 생태계

― 왜 매월 국내외의 그 많은 사람들이 아키하바라를 찾아올까

글로벌 IT 기업과 일본의 전통 모노즈쿠리 기업은 메이커스의 거점 아키하바라를 주목하고 있다. 회사의 규모와 매출은 물론이고, 기술력과 개발력 또한 신흥 메이커스보다 압도적으로 뛰어날 텐데 말이다. 분명 대기업은 할 수 없고 메이커스만 할 수 있는 일이 있기 때문이다. 이제 그 의문을 풀어가보자.

모노즈쿠리의 뜻

일본에서 모노즈쿠리(物作り : 물건 만들기)라는 말은 시대에 따라 뜻이 조금씩 변해왔다. 원래는 숙련된 기술자나 장인이 자신의 뛰어난 기술로 수준 높은 제품을 만드는 것을 뜻했다. 여기에는 생산기술이나 제조기술, 즉 산업공학(Industrial engineering)과는 다른 의미가 담겨 있었다.

그러나 이 말은 제2차 세계대전 이후에 일본의 제조업이 압도적인 강세를 보였던 시대 분위기와 맞물려, 어느새 제조업의 좀 더 정신적이고 역사적인 측면을 강조하는 용어로 쓰이기 시작했다.

그리고 지금 사람들은 '일본의 모노즈쿠리'가 위기를 맞았다고 이야기한다. 제조업의 쇠퇴, 모노즈쿠리 대국 일본의 몰락 등등, 표현은 달라도 같은 현상을 가리키는 말이 요즘 자주 들린다. 실제로 파나소닉, 소니, 샤프, 도시바 등 글로벌 제조사를 중심으로 한

때 더없는 영광을 누렸던 일본의 모노즈쿠리가 지금 커다란 전기를 맞고 있다. 그런가 하면 토요타, 닛산, 혼다 등의 기업은 아직도 세계시장에서 건투 중이다. 그 차이는 어디에 있을까? 이런 평범한 의문을 품는 사람도 있을 것이다.

제조업을 둘러싼 기술 혁신과 상황의 변화는 매일, 아니 매시간 일어난다. 글로벌 기업이 적자로 돌아섰다는 보도가 흘러나오는가 하면, 제조업이 부활한다는 소식도 들려오니 어떤 정보에 귀를 기울여야 할지 무척 헛갈리는 시대이다.

이 책에서는 '메이커스(makers)'를 키워드로, 제조업의 생태계에서 일어나는 큰 변화를 살펴보려고 한다.

메이커스의 정의

메이커스라는 말은 불과 몇 년 전부터 쓰이기 시작했다. 그래서 아직은 정확하게 와닿는 정의가 없다. 그러나 나는 이 책을 통해 이 말에 특별한 의미를 부여하고 싶다. "메이커스야말로 모노즈쿠리가 진화하는 과정에서 태어난 새로운 주인공"이라고 말이다.

처음으로 메이커스라는 말을 퍼뜨린 사람은 미국 〈와이어드(WIRED)〉지의 전 편집장인 크리스 앤더슨(Chris Anderson)이다.

《롱테일 법칙(The Long Tail)》,《프리(Free)》등 베스트셀러의 저자인 그가 2012년 10월에 《메이커스(Makers)》를 출판하자 일본의 신문과 경제 관련 잡지에서는 3D 프린터의 최신 기술을 기사로 소개하는 등 이 책의 내용에 큰 관심을 보였다.

크리스 앤더슨은 이 책에서처럼 디지털 파일과 3D 프린터 등을 사용하는 제조업의 새로운 큰 트렌드를 '메이커 무브먼트(메이커운동)'라고 명명했다. 미국의 기술 개발 분야에서는 2005년에 오라일리 미디어(O'Reilly Media: 나중에 Maker Media로 분사)가 창간한 〈Make〉라는 잡지가 매우 유명하기 때문에, 3D 프린터 등 새로운 기술을 활용한 DIY 문화를 흔히 '메이커 컬처'라고 부른다. 사실 미국 사람들은 옛날부터 큰 집에 살며 자신의 집을 스스로 관리·보수하는 DIY(Do It Yourself)를 당연하게 여겼으므로 문화가 조금 다른 셈이다. 그래서 메이커의 의미도 당연히 다르게 받아들일 것이다(지금 미국 샌프란시스코 도시권은 거주 환경이 극단적으로 악화된 상태지만).

그래서 나는 책 첫머리에서 내 나름대로 메이커스를 정의하려한다. 메이커스는 우선 새로운 도전을 하는 스타트업(startup: 급성장을 지향하는 신규기업)으로서, 전통 제조기업과는 다른 방식으로 제품(물건)을 만든다. 이 방식의 차이에 대해서는 제2장에서 자세히 설명할 것이다. 또 메이커스는 제품을 만드는 속도가 빠른 것이 특징이다. 그리고 메이커스는 IT와 인터넷을 PC나 스마트폰 등의 화면이 아닌, 화면 밖에 존재하는 다양한 물건에 담는다. 메이커스는 그런 식으로 인간과 물건의 관계성을 재발명하는 존재여야 한다고 생각한다(사실 아직 여기까지 도달한 메이커스는 얼마 되지 않는다).

그러므로 나는 메이커스에 대해 "Break the display(화면을 부순다)"라는 표현을 자주 쓴다. 인터넷을 화면 밖에 구축한다는 뜻이다.

서로 이어지는 네트워크

왜 화면을 부순다고 말하는지부터 설명하자. 원래 나는 인터넷 사업을 하는 사람이었다. 그래서 데이터 센터를 중심으로 인터넷 서비스를 제공하는 '사쿠라인터넷'이라는 회사를, 지금도 그곳의 대표이사로 있는 다나카 구니히로[田中邦裕]와 함께 창업했다. 인터넷 초창기인 1996년에 창업을 했으니, 데이터 센터를 제공하는 국내 사업자로는 역사가 오래된 편이다. 이 회사는 2005년에 도쿄증권거래소의 벤처기업 부문인 마더스[01]에 상장되기도 했다.

01 MOTHERS, 'Market of the high-growing and emerging stocks'

나는 인터넷이 등장한 초기부터 인터넷 자체에 깊이 매료되었다. 초등학교 2학년 여름방학 때는 아버지가 사준 샤프의 MZ-80K라는 마이컴[02]에 푹 빠졌고, 음향 커플러(acoustic coupler, 전화회선을 이용하여 데이터 통신을 하기 위한 장치, 모뎀의 일종) 등을 활용한 통신으로 눈앞에 없는 상대에게 알파벳 문자를 보낼 수 있다는 것에 무척 흥분했다.

그러나 그 후에는 교토의 벽촌에서 불량 청소년으로 지내며 컴퓨터나 통신과는 거리가 먼 삶을 살았다. 그리고 고등학교를 졸업한 뒤에는 친척이 운영하는 건축 설계사무소에서 일했다. 그뿐이었다면 아마 그대로 시골에 묻혀 살았을 것이다(건축에 재능도 없었고).

그런 내 세상을 인터넷이 바꿨다. 나는 도메인과 DNS(Domain Name System: 도메인 명, 호스트 명, IP 주소의 대응 관계를 관리하는 시스템)에 관한 메일링리스트[03]를 통해 다나카(당시 그는 20세, 나는 27세)를 만났고, 그에게서 이것저것 배워가며 여명기의 인터넷 세계로 뛰어들었다. 그 세계에서는 프로토콜(컴퓨터끼리 통신할 때 필요한 순서나 규약 등의 약속)만 맞으면 네트워크상에서 다양한 사람과 정보를 접할 수 있었다.

---

02 마이크로컴퓨터. 줄여서 마이컴. 하나의 칩 속에 중앙처리장치가 들어 있는 컴퓨터로, 1971년 인텔이 처음 개발했다.
03 관심 분야가 같은 사람끼리 전자우편으로 정보나 메시지를 교환하는 시스템.

나는 '인터넷(inter-net)'이라는 말 중 '인터(inter)'에 매우 큰 의미가 있다고 생각한다. 나라와 나라가 이어지는 것을 인터내셔널(inter-national)이라는 말로 표현하듯이 '서로(inter) 네트워크(net)'로 이어지는 것이 인터넷이다. 언젠가는 지리적 거리가 그 의미를 잃고 사람들이 자신이 바라는 시점에 자신이 바라는 형식으로 더 많은 정보와 감정을 자연스럽게 공유·공감할 수 있는 날이 올 것이다. 그런 꿈을 꾸며, 나는 인터넷 세상에 20년 가까이 푹 빠져 살았다.

잃어버린 인터넷을 찾아서

그럼 지금은 어떨까? 이런 말을 들으면 인터넷 업계에서 활약하는 분들이 화를 낼지도 모르지만 요즘은 인터넷이 별로 재미가 없다.

남아 있는 것이라고는 성가신 SNS, 요금을 뜯어내려고 그림만 잔뜩 올려놓은 아류 게임, 그리고 구글 애널리틱스(Google Analytics)의 접속 분석을 통해 순 방문자(unique users) 수를 알아보려고 타인의 정보를 긁어모으는 데 여념이 없는 사이비 큐레이션 사이트[04] 정도다. 물론 나도 SNS를 자주 이용하고 아류가 아닌 게임을 재미있게 즐기며 사이비가 아닌 큐레이션 사이트에는 종종 탄성을 지른다. 하지만 그렇다고 무엇이 달라질까?

소셜 게임 분야에서는 적절한 요금 설정으로 쉽게 수익을 내는 사용자 유도 방식 등의 사업 패턴이 이미 어느 정도 정해졌으므로 이제 대부분의 사업자는 그 패턴을 별생각 없이 따르며 표면적인 요소만 바꾸어 보여주고 있다. TV 역시 연예정보 프로그램의 정보와 소재를 인터넷에서 얻는다는 점이 달라졌을 뿐, 서로 짓밟고 때리며 낄낄거리는 내용 자체는 예전과 전혀 다를 것이 없다. 게다가 한정된 광고비를 서로 빼앗을 뿐인 인터넷 매체에서도 새로운 가치를 창출하기는 어려울 듯하다.

예전에 어떤 광고회사 직원이 광고 방송을 소통이라 부르는 것을 듣고, '일방적으로 대량의 정보를 내보내는 것이 왜 소통일까?' 하고 의아하게 생각한 적이 있다. 그러면 인터넷과 SNS가 등장한 후의 세상에서는 진정한 소통이 이루어지고 있을까? 정보의 발신자는 조금 늘었을지도 모르겠다. 그러나 본질적으로는 아무것도 달라지지 않은 것 같다.

그래서 진정한 인터(inter)를 실현하여 발전할 가능성이 높은 분야는 무엇일지 고민하다가 도달한 답이 제조업이었다. 사실 대량생

<hr>

04 박물관이나 미술관의 큐레이터처럼 수많은 정보 중 의미 있거나 취향에 맞는
    정보를 골라 개인에게 추천해주는 웹 서비스.

산, 대량소비의 시대에는 타인이 정말로 원하는 물건을 만들기가 쉽지 않았다. 하지만 앞으로 물건을 서로 연결한다면 새로운 가치를 창출하는 재발명도 기대할 수 있다는 생각이 든다.

음식점의 수익공식을 뒤엎다

우리는 인터넷 화면 앞에서 시행착오를 거쳐 얻은 지식과 논리를 제조업에 활용할 수 있을지도 모른다. 물건을 통해 새로운 연계를 발견할 수도 있다. 나는 뜻밖에도 음식점 경영에서 그런 영감을 얻었다.

롯본기[六本木]에는 인터넷 기업이 많다. 그래서 나는 기업들끼리 쉽게 정보교환을 하는 장소를 만들자는 취지에서 몇 년 전 롯본기에 10평 규모의 작은 선술집을 개점했다. 롯본기의 분위기에 맞는 발포 음료를 부담 없이 마실 수 있는 곳이라는 뜻에서 그곳에 Awabar(아와바)[05]라는 이름을 붙였다. 그런데 개점 직후부터 손님이 뜸해지자, 친구들이 왜 서둘러 음식점을 열었느냐며 나를 걱정하기 시작했다.

05   일본어로 '아와'는 거품을 뜻한다.

나는 고객행동 분석을 시작했다. 하지만 흔해 빠진 방문 횟수, 주문 단가, 재방문율 분석에만 머무르지는 않았다. 개점 초부터 다양한 상황을 상정하여 수치를 산정함으로써 아와바의 매출 향상을 주도할 지표, 즉 KPI(Key Performance Indicator: 핵심 성과지표)를 찾으려 했다. 다양한 상황의 수치란 예를 들어 단골 A씨와 B씨는 아와바에서 몇 번 만났는가, 점원이 한 잔 더 마실 것을 권했을 때 얼마나 많은 고객이 주문했는가 등이다. 종종 회전율 향상이 음식점의 수익을 올리는 황금률처럼 여겨지지만 나는 그것부터 검증해야 한다고 생각했다. 추천 음료의 가격도 처음에는 일부러 높게 잡았다가 서서히 내려가며 다양한 데이터를 수집했다.

이렇게 모은 데이터를 통해, "회전율을 낮추면 이익이 오른다"는 가설을 세웠다. 기존의 상식과는 정반대되는 가설이다. 그래도 나는 일단 고객의 체류 시간을 늘리기 위해 고객과 대화하는 직원을 보강했다. 하지만 체류 시간은 좀처럼 늘지 않았다. 그래서 고객끼리의 대화를 촉진하면 어떨까 하는 생각에 직원에게 고객 간의 대화를 유도하도록 했다. 그러자 단골고객이 신규고객에게 말을 거는 횟수가 늘어났고, 그런 일이 점차 당연하게 여겨지기 시작했다. 그 결과 고객의 체류 시간이 선술집으로서는 긴 편인 약 한 시간 반으로 늘어났고, 결과적으로 1인당 주문 금액도 올라서 점포 전체의 매출과 이익이 신장했다.

사실 체류 시간은 웹 서비스에서 자주 쓰는 KPI 중 하나다. 온라인 상점에서는 상품 설명을 읽는 시간이 길어질수록 구매율이 높아진다. 이런 경험 덕분에, 인터넷에서 얻은 지식을 오프라인 세계에 응용하면 세상이 조금씩 달라질지도 모른다는 영감을 떠올릴 수 있었다.

나는 이처럼 웹에서 얻은 지식을 오프라인에 활용하는 것에서 한 걸음 더 나아가, 지금은 새로운 KPI를 도입하여 행동·동작·환경 변화를 데이터화하는 일에 도전하고 있다. 구체적으로 말하면 화상 인식기술을 응용하여 고객과 직원이 미소 짓는 횟수를 세는 등의 일을 하고 있다(그래도 무단 녹화 같은 것은 하지 않으니 안심해도 된다).

10억 엔을 들여 마련한 메이커스 지원시설

모노즈쿠리의 거점으로 선택된 곳은 옛날부터 세계적으로 유명한 전기·전자의 중심지 아키하바라[秋葉原]다. 이곳은 지금은 하위문화(subculture)의 성지가 되었지만 옛날부터 전자제품에 취미가 있는 사람들이 희귀한 전자부품을 사러 자주 찾던 곳이다.

2014년 11월, 아키하바라에 하드웨어 개발에 필요한 최신 기

자재를 두루 갖춘 제조업의 거점이 완성되었다. 바로 DMM.make 프로젝트의 일환인 DMM.make AKIBA(디엠엠닷메이크 아키바)다. 이 프로젝트는 ㈜DMM.com[06]의 회장인 가메야마 게이시[亀山敬司]의 협력을 얻어 .make(닷메이크) 사업을 DMM.make로 발전시킨 것인데 나는 2015년 7월까지 그 총괄 프로듀서를 맡았었다.

웹사이트와 스마트폰 애플리케이션 등 소프트웨어를 만드는

---

06 비디오·DVD 대여점으로 시작한 인터넷 회사. 현재는 시스템 개발·운영, 네트워크 인프라, 웹 마케팅 서비스를 제공하는 ㈜DMM.com 랩과 ㈜DMM.com 증권, 온라인 게임 제작·운영을 하는 ㈜DMM.com 오버라이드를 운영하고 있다.

IT 기업이라면 PC 한 대만 있어도 설비가 충분할지 모른다. 그러나 전자기기 등을 만드는 하드웨어 스타트업의 경우, 아무래도 설비에 상당한 초기 투자가 들어간다. 하나의 제품을 완성하기 위해 작은 회사로는 감당할 수 없을 만큼 다양한 기자재가 필요할 때도 있다.

그런데 이 DMM.make AKIBA에는 소형 전자기기의 시제품 제작에 필요한 모든 것이 있다. 우리는 3D 프린터는 물론, 공작 기계에서부터 제품 출하에 반드시 필요한 성능 검사 장비까지, 필요한 것은 전부 다 갖추려고 노력했다. 이 시설을 마련하는 총비용이 약 10억 엔이었는데 그중 5억 엔을 제조 설비 구입에 썼을 정도다. 덕분에 소형 전자기기 수백 대 정도는 이곳에서 아예 생산할 수 있다. 물건 제조에 필요한 도구를 전부 갖춤으로써, "무엇이 없어서 만들 수 없다"는 핑계를 원천적으로 차단하고 싶었다.

그래서 아키하바라의 3층짜리 오피스빌딩에 연면적 약 2,000m², 즉 축구장 절반 정도의 공간이 마련되었다. 여기에는 공용 사무실, 행사 공간, 공용 공장, 가벼운 식사도 할 수 있는 카페가 포함되어 있다.

글로벌 IT 기업과 전통 모노즈쿠리 기업이
아키하바라를 주목하는 이유

덕분에 이곳이 설립되자마자 제조업에 종사하는 많은 사람들이 입주하여 다양한 물건을 새로 만들어냈다. 그들이 바로 메이커스다. 이 책에서는 그야말로 현재 진행형인 변화를 그려내기 위해 이 DMM.make AKIBA에서 만들어진 다양한 제품을 소개하려 한다. 분명 여러분도 재미있을 것이다. 내가 직접 연관된 스타트업이 많아 주최 측의 농간쯤으로 들릴지도 모르지만 해외 사례 등도 함께 소개함으로써 되도록 객관성을 유지하려 했다.

사실 이런 사례가 세계적으로 드물어서 그런지 국내외의 뜨거운 관심이 이 거점에 쏟아지고 있다. 실제로 견학과 미팅을 위해 방문하는 사람이 매월 약 1,000명에 이른다.

특히 해외 대형 IT 기업 간부들의 시찰이 많다. 여기서 다 구체적으로 소개할 수는 없지만 그중에는 출자나 매수 등 실제 비즈니스를 목적으로 이곳을 찾았던 사람도 많다. 방문 기업 중에는 세계 최대 마이크로프로세서 생산자인 미국 회사 인텔도 있었는데 이들 역시 시찰 당일에 입주를 결정할 만큼 이 거점을 높이 평가했다. 그 밖에도 윈도를 개발하는 마이크로소프트, 컴퓨터네트워크 기기를 개발하는 시스코시스템스, 소프트웨어를 개발하는 SAP 등도 시찰에 머무르지 않고 이곳에서 행사를 개최하는 등의 활동을 이어가고 있다.

참고로 내가 경영하는 ABBALab(아바랩)을 비롯한 3개 회사는 IoT(아이오티: Internet of Things)의 실현에 꼭 필요한 극소 컴퓨터(에디슨, Edison)를 만드는 것을 목표로, 스타트업을 대상으로 장학금 제도를 실시하고 있다. 그것이 기업들의 입주를 촉진하는 또 하나의 요소가 되고 있다.

일본에서도 1968년 창업 이래 지속적으로 초음파 모터를 연구·개발해온 신세이공업[新生工業]의 신규사업팀이 DMM.make AKIBA에 입주해 있다. 또 재미있게도, 호리에 다카후미[堀江貴文]가 이끄는 우주개발팀은 여기서 로켓을 만들고 있다.

이런 글로벌 IT 기업과 일본의 전통적 모노즈쿠리 기업이 이곳을 주목하는 이유는 무엇일까? 회사의 규모와 매출은 물론이고, 기술력과 개발력 또한 신흥 메이커스보다 압도적으로 뛰어날 텐데 말이다. 분명 대기업은 할 수 없고 메이커스만 할 수 있는 일이 있기 때문이다. 이에 관한 의문은 이 책을 읽는 동안 자연스럽게 풀릴 것이다.

제조업 액셀러레이터란

이 DMM.make AKIBA에서 내가 하는 일을 소개하겠다. 나는 DMM.make의 총괄 프로듀서이기도 하지만 그 외에도 더 실제적인 역할을 담당하고 있다. 나는 경제산업성의 신(新)모노즈쿠리 연구회의 위원이기도 한데 거기서 출간한 《모노즈쿠리 백서》에 내가 하는 일이 간략하게 소개되어 있다. 그 부분을 여기에 소개한다.

총액 약 5억 엔의 제조 기계와 성능 검사에 필요한 최신 기자재를 구비하여 100대 분량의 소량생산까지 해낼 수 있는 시설을 아키하바라 한가운데에 만든 것도 놀랍지만 시드 액셀러레이션 프로그램을 제공하는 (주)ABBALab 및 모노즈쿠리 벤처의 선구자인 (주)Cerevo가 멘토가 되어 벤처 육성에 참여한 것이야말로 이 시설이 여타 시설과 크게 다른 점이다.

특히 ABBALab이 이 시설에 입주한 것에 주목해야 한다. 일본에서는 IT 분야의 투자가와 액셀러레이터가 아직 주류를 이루고 있어서 제조업 분야의 액셀러레이터는 극히 드물다. 그런 상황에서 ABBALab은, 한번 자격 검증을 통과한 후에도 정기적인 성과 보고를 통해 지원 여부를 계속 점검받아야 하는 제조업 대상의 엄격한 지원 프로그램인 ABBALab Farm Program Scholarship을 운영한다.

지원 금액에 따라 주식 일부, 상품 판매권, 상품 라이선스 등을 반환하는 방식이 정해진다. 지원 자금은 50~1,000만 엔으로, 시제품을 생산하기에는 충분한 금액이다. ABBALab은 그 이후의 크라우드 펀딩과 VC(Venture Capital: 벤처 자본) 출자 등을 중개하는 일까지 맡아 진행한다.

《2015년판 모노즈쿠리 백서》, 154쪽)

여기 등장하는 ABBALab이 내가 대표이사로 있는 회사다. 또 이 투자사를 나와 함께 설립한 사람은 야후재팬과 경호 온라인 엔터테인먼트를 성공시켰으며 현재는 (주)미슬토우(Mistletoe)의 대표로서 스타트업인 에코시스템을 설립하느라 여념이 없는 손태장[07]이다. 우리는 하드웨어 스타트업이 시제품 제작에 들어가는 시점에 자본을 투자한다(그 자본이 시제품을 만들기에 충분한 자금인가에 대해서는 이견이 있지만). 참고로 ABBA라는 이름은 Atom to Bit, Bit to Atom을 뜻한다. 여기서 Atom은 물질, Bit는 컴퓨터 데이터의 단위다. 즉 이 이름에는 물질에서 정보로, 정보에서 물질로 자유롭게 변화할 수 있는 상품을 제조하는 스타트업을 지원하겠다는 의도가 담겨 있다.

《모노즈쿠리 백서》에 낯선 전문용어가 조금 등장하므로 잠시

---

[07] 소프트뱅크 회장 손정의의 친동생이자 기업가.

해설하자면, 시드 액셀러레이터(seed accelerator)란 스타트업을 지원하는 인큐베이터(초보 창업자를 지원하는 사람)를 말한다. 뿌려진 씨앗(시드)의 성장을 가속하는 사람(액셀러레이터)이라는 의미다.

또 세레보(Cerevo)라는 회사가 나오는데 이 회사를 창업한 이와사 다쿠마[岩佐琢磨]는 나에게 메이커스의 매력을 알려준 맹우이기도 하다. DMM.make AKIBA에 구비된 기자재도 그가 거의 골랐다. 또 세레보가 담당한다는 멘토란 지도자 또는 조언자를 뜻하는데 풀어 말하자면 하드웨어 스타트업의 선배로서의 경험지(經驗知)와 암묵지(暗默知, 경험을 통해 습득하였으나 매뉴얼화되지 않은 지식)를 전수하는 존재다. 이 멘토가 담당하는 역할에 대해서는 제1장 후반에서 자세히 다룰 예정이다.

IoT는 사물 인터넷이다

또 《모노즈쿠리 백서》의 다음 부분에는 내가 이 책을 쓰게 된 계기인 문제의식이 기술되어 있으므로 그것도 여기에 소개하겠다.

모노즈쿠리 벤처에게 ABBALab의 존재는 매우 귀중하다. 특히 발아기의 모노즈쿠리 벤처에 투자하는 VC는 현재 일본에서 찾아보기 어렵다. 발아기의 IT 벤처는 자금을 융통하기가 비교적 쉽지만 발아기의 제조업 벤처는 투자자를 구하기가 매우 어렵다. ABBALab은 이런 흐름을 바꾸어 나가고 있는데 이 회사가 수많은 모노즈쿠리 벤처의 활약을 지원하면 초기 단계의 제조업 벤처를 향한 엔젤 투자[08]와 VC의 등장도 촉진될 것이다. 현재 ABBALab은 이런 벤처 회사에 투자하는 펀드를 조성할 계획이지만 아쉽게도 이 계획에 흥미와 협력 가능성을 내비치는 기업은 유럽, 미국, 대만의 기업뿐이라고 한다. 이들은 일본 기업에서는 바라는 답변을 거의 받지 못한 듯하다. 이와 같이 유럽, 미국, 대만의 기업은 시대의 방향이 '대량생산·대량소비'에서 '적량생산·적량소비'로 바뀌었다는 인식하에 모노즈쿠리 벤처를 투자 대상이자 비즈니스 파트너로 크게 평가하기 시작했다. 그러나 일본 기업은 세계의 큰 흐름에 뒤처져 있다. 하지만 아직까지는 도전하면 주도권을 쥘 기회는 남아 있다. 지금이 일본 제조업의 저력을 보일 마지막 고비다.

(같은 책, 154쪽)

요즘 미국, 유럽, 중국에는 제조업 분야의 엑셀러레이터가 많이 등장하고 있으며, 그들의 지원 프로그램에는 제조업에 뜻을 품은 응모자가 쇄도하고 있다. 그러는 중에 크게 성장하는 하드웨어 스

---

08 자금이 부족한 신생 벤처기업에 자본을 투자하는 개인투자자들의 모임.

타트업도 차차 생겨나고 있다.

한편 일본의 상황은 그야말로 《모노즈쿠리 백서》에 적힌 대로다. 그래도 최근 1년 동안에는 우리의 투자 활동에 협력하려는 일본 기업이 조금씩 나타나기 시작했다. 이처럼 서서히 변화의 조짐이 보이기는 하나 아직 충분한 환경이라고는 결코 말할 수 없다.

오해를 막기 위해 첨언하면 나는 국가 단위의 이야기를 하려는 것이 아니다. 일본의 문화, 교육, 환경, 인재를 활용하여 새로운 모노즈쿠리의 씨앗을 하나라도 더 틔우고 싶을 뿐이다.

제조업에서 압도적인 우위를 지켜왔던 일본이 왜 지금의 변화를 따라잡지 못하는지, 왜 자신의 우위성을 깨닫지 못하는지, 나는 안타까워서 견딜 수 없다. 아마도 그 이유는 일본의 기업이 아직도 전통적 모노즈쿠리에 집착하기 때문이 아닐까?

예를 들어 앞에서 잠깐 나온 IoT라는 말을 생각해보자. 이것은 제조업 분야에 혜성처럼 등장하여 최근 신문과 전문지를 연일 뜨겁게 달구는 주제다. 나 역시 IoT야말로 제조업을 진화시킬 최대의 무기이며 그것을 어떻게 사용하느냐에 따라 차세대 비즈니스의 승자가 결정될 것이라고 생각한다. 극단적으로 말해, 모든 메이커스의 목표는 IT와 인터넷을 PC나 스마트폰에 담지 않고 화면 바깥의 다양한 사물(事物)에 담아 서로 연결되게 하는 것, 즉 IoT의 실현이라 할 수 있다.

그러나 매우 유감스럽게도 일본에서는 IoT를 물건(物件) 인터넷으로 잘못 번역하고 있다. IoT의 핵심은 물건에 인터넷을 집어넣는 것이 아니다. Things는, 사전을 찾아보면 알겠지만 물질적인 물건만이 아니라 무형의 일까지 포함하는 말이다. IoT를 '물건 인터넷'으로 번역하는 것은 대단히 심각한 오류라고 생각한다.[09]

중요한 것은 IoT가 사람의 인터넷이 아니라 사물의 인터넷이라는 점이다. 특히 유형의 물건이 무형까지 포함하는 사물로 변하는(서비스화한다고도 말할 수 있다) 큰 변화야말로 모노즈쿠리 생태계를 뒤흔들 만한 일대 진화의 기폭제다. 이러한 사물화의 개념도 이 책을 읽는 동안 점차 명확해질 것이다.

이 책의 구성과 내용

끝으로 이 책의 구성과 내용을 간략히 설명하겠다. 최근 제조업 분야에서는 메이커스, 3D 프린터, 웨어러블(wearable), IoT 등의 낯선 단어가 수두룩하다. IoT의 개념도 정확히 규정되지 않은 상태에서 인더스트리4.0 등의 용어가 벌써 매체를 어지럽힐 정도

09 우리나라에서 IoT는 사물(事物) 인터넷으로 번역되므로, 일본에 비해 정확하게 이해되고 있는 셈이다. 이 책에서도 이후에 등장하는 IoT를 사물 인터넷으로 번역했다.

다. 이 말은 제3장에서 다시 다룰 텐데 어쨌든 이 책에서는 이런 단어들을 혼동하지 않도록 제조업의 본질적인 변화를 단순하게 해설하려 한다.

현재 제조업의 변화에 대한 설명은 '물건의 판매, 물건의 제조, 사물의 수익화'라는 3단계로 간단히 집약할 수 있다. 이 책에서는 이 3단계를 중심으로, 새롭게 등장한 제조업의 생태계를 살펴볼 것이다.

제1장에서는 우선 하드웨어 스타트업이 만든 물건이 판매되는 구조를 크라우드 펀딩이라는 키워드로 해설한다. 또 IT와 SNS의 보급 이후에 생겨난 시장을 세계적 틈새시장으로 정의하고, PC와 스마트폰 등의 화면을 중심으로 하는 인터넷이 왜 사물 중심으로 변했는지도 설명한다.

제2장에서는 1장의 판매의 변화와 동시에 일어난 제조의 변화를, 거시적인 관점이 아닌 미시적 현장의 관점에서 설명한다. 또 많은 오해의 주인공인 3D 프린터가 제조업에서 담당하는 진정한 역할을 규명하고, 물건을 제조하는 하드웨어 스타트업의 구체적인 사례를 통해 3D 프린터는 실제로 무엇을 만들고 있는지, 또 3D 프린터를 활용한 제조업의 특징은 무엇인지 해설한다.

제3장에서는 판매와 제조의 두 가지 환경 변화를 바탕으로, 물건이 인터넷과 연결되면 어떤 일이 일어나는지, 그리고 IoT는 과연 무엇인지를 사물의 수익화라는 관점에서 알아본다. 또 전통적

대기업이 메이커스와 제휴하는 사례를 통해, 완전히 새로운 제조업 생태계가 구축되고 있는 현상을 살펴본다.

4장에서는 IoT가 가져올 미래, 즉 세상이 앞으로 어떻게 달라질지를 잠시 그려볼 것이다.

장마다 주제가 완전히 다르므로, 이 책은 순서대로 읽지 않아도 괜찮다. 이제 제조업을 시작하려는 사람은 1장 물건의 판매부터 읽으면 이해하기 쉬울 것이다. 현재 물건을 팔고 있는 사람은 2장 물건의 제조에서 무언가 새로운 사실을 발견할지 모른다. 현재 인터넷 비즈니스에 종사하는 사람은 3장 사물의 수익화를 읽어보면 지금 하드웨어 스타트업이 급격히 증가하는 이유를 금세 알게 될 것이다. 그리고 4장 IoT와 우리의 미래의 내용은 다소 추상적이므로, 1~3장을 잘 이해한 뒤에 읽을 것을 추천한다.

이 책의 최종 목표는 우리의 제조업이 앞으로 나아갈 바람직한 방향성을 찾아내는 데 있다. 인터넷이 등장한 이후 그 발상지인 미국에서 영어로 된 다양한 용어를 정신없이 받아들여왔다. 인터넷 업계에 오래 몸담고 있다 보면 그 사실을 절감하게 된다. 그렇다면 앞으로도 지금처럼 낯선 외래어에 갈팡질팡할 것인가, 아니면 우리에게 맞는 새로운 방향성을 찾아 독자적인 진화를 이룩할 것인가? 여기에 초점을 두고 제조업의 앞날을 전망하려 한다.

물건 판매의 진화

- 크라우드 펀딩 · 비언어 · 세계적 틈새시장

누군가 내게 판매와 제조 중 무엇이 먼저냐고 묻는다면, 두 가지가 동시 병행으로 이루진다고 대답할 수밖에 없다. 그래도 내가 굳이 판매 이야기를 먼저 한 것은 요즘 메이커스와 3D 프린터를 둘러싼 '제조=대단함'이라는 분위기를 조금 바꿔보고 싶어서다. 만들어졌기에 대단한 것이 아니라 팔리기 때문에 만드는 것이라고 말하고 싶었다.
물건의 비언어적 특징과 함께 크라우드 펀딩을 활용하여 세계적 틈새시장을 공략한 사례들을 알아보자.

세계적으로 히트한 아이스박스

여러분은 '사상 최고로 쿨한 아이스박스'라는 광고에 등장한 다기능 아이스박스 쿨리스트 쿨러(Coolest Cooler)를 아는가? 아이스박스는 원래 낚시로 잡은 물고기를 신선하게 운반하기 위한 휴대용 보온 박스였지만 지금은 맥주, 주스 같은 음료와 식품을 얼음으로 식히는 등의 용도로 쓰이며 바비큐장이나 캠핑장에서 흔히 쓰이는 아웃도어 레저의 필수품이다. 그러나 아이스박스의 기본적 형태와 기능은 아이스박스라는 제품이 등장한 이후 십여 년간 거의 변화가 없었던 듯하다.

반면 쿨리스트 쿨러에는 이전과는 달리 매우 편리한 기능이 다양하게 구비되었다. 우선 배터리가 내장되어 있고 뚜껑 상부에 얼음을 부술 만큼 강력한 분쇄기가 달려 있으므로 차가운 주스와 칵테일을 곧바로 만들 수 있다. 또 스마트폰 등을 무선으로 연결하는 스피커가 있어서 쾌적한 자연 속에서 좋아하는 음악을 즐길 수 있다. 스마트폰의 배터리를 USB 케이블로 충전하는 단자도 있다. 또 아이스박스 내부를 비추는 LED 조명이 있어 밤에도 편리하게 사용할 수 있다. 식기와 칼을 수납하는 공간과 내장 병따개도 있다. 야외용이므로 방수는 기본이다.

가격이 가장 궁금할 텐데 그것도 단 185달러(2014년 당시)밖에 되지 않는다. 아이스박스로서는 비싼 가격일지 모르지만 이렇게 많은 기능이 포함되어 있으니 훨씬 이득이다.

자, 어떤가? 당신도 이 아이스박스를 갖고 싶은가?

만약 아웃도어 제품을 만드는 회사의 직원이 이런 쿨하고 멋진 아이스박스를 만들어보자는 기획안을 상사에게 제출했다면, 과연 그 아이디어가 실현될 수 있었을까? 상당히 어려웠을 것이다.

계절에 따라 매출이 조금 달라지기는 하지만 아이스박스는 항상 그 수요가 일정하다. 그래서 아무리 멋진 기능을 추가해도 폭발적으로 팔리리라고는 기대하기 어렵다. 따라서 대기업의 상사는 부하의 기획안을 보고 "누가 이런 걸 살 것 같아? 아이스박스가 경쟁사 제품의 다섯 배나 되는 가격에 팔리겠어?"라고 지적했을 것이 뻔하다.

그러나 이 쿨리스트 쿨러는 실제로 상품화되어 큰 히트를 쳤다. 이 제품을 만든 사람은 미국 오리건 주 포틀랜드에 사는 기업가 라이언 그레퍼(Ryan Grepper)이다. 그가 이처럼 판매를 보장할 수 없는, 다기능의 획기적 아이스박스를 만들 수 있었던 이유는 무엇일까?

그 비밀은 크라우드 펀딩(crowd funding)에 있다.

크라우드 펀딩이란

크라우드 펀딩은 신문과 TV 등 대중매체에도 종종 등장하는 말이므로 아는 사람이 많을 것이다. 그 시스템도 대략 알고 있을지 모르니, 여기서는 간단히 해설하고 넘어가겠다. 사전을 찾으면 뜻은 다음과 같다.

crowd는 대중을 뜻한다. 크라우드 펀딩은 프로젝트의 자금을 조달하지 못하는 개인·단체가 소셜 미디어를 비롯한 인터넷상에서 기획 내용과 필요한 금액을 제시하고 대중에게 지원을 요청하는 방법이다. 소액 자금 제공자를 많이 모집하여 필요한 금액을 달성하는 것이 크라우드 펀딩의 목표다. 같은 말로 마이크로 펀딩, 마이크로 패트론, 소셜 펀딩이 있다.

《디지털 대사전》에서)

크라우드(crowd)를 클라우드 컴퓨팅(cloud computing)의 클라우드(구름)와 헷갈리지 않도록 주의하기 바란다. 여기서 말하는 크라우드는 대중이다. 즉 많은 사람들로부터 펀딩(자금 조달)을 한다는 의미다.

크라우드 펀딩은 "이런 물건을 만들고 싶다, 이런 작품을 만들고 싶다, 이 문제를 이렇게 해결하고 싶다"는 아이디어가 있는 사람이 인터넷을 통해 대중에게 자신의 생각을 호소하고, 그것에 공감한 사람들에게서 자금을 모집하는 방법이다.

발매 전부터 천만 달러 이상을 벌어들인 다기능 아이스박스

그레퍼는 2014년 7월부터 8월까지 약 2개월 동안, 미국 뉴욕에 본사를 둔 세계적 크라우드 펀딩 사이트 킥스타터(Kickstarter)에서 제품 개발에 필요한 자금을 모집하는 프로젝트를 진행했다.

그러면 그는 구체적으로 어떤 일을 했을까? 쿨리스트 쿨러라는 다기능 아이스박스를 만들겠다고 결심한 그레퍼는 사람들에게 그 아이디어를 알리기 위해 글과 사진을 포함한 상품 설명을 작성하고, 그것을 킥스타터 사이트에 게재했다. 그는 상품 설명을 통해 "분쇄기가 있으면 이렇게나 편리하다, 스마트폰의 음악을 들려주는 스피커가 있어서 파티를 할 때도 즐거울 것이다"라는 식으로 상품의 매력을 호소했다.

쿨리스트 쿨러의 매력을 보여주는 3분 21초짜리 동영상은 특히 효과적이었다. 이 동영상에는 시제품에 대한 다양한 설명과 함께, 가족이 쿨리스트 쿨러를 활용하여 아웃도어 활동을 즐기는 장면이 실려 있다. 물론 완성품에 가까운 형태로 멋지게 디자인된 시제품도 공개된다. 영어를 알아듣지 못해도 저절로 '갖고 싶다!'는 생각이 들 만큼 잘 만들어진 광고 동영상이었다.

킥스타터에 게재되었던 쿨리스트 쿨러의 시제품

그레퍼는 이 제품을 개발하기 위한 목표액을 5만 달러로 설정했다. 이 목표 금액을 달성하지 못하면 펀딩이 불발되어 지원금을 받을 수 없었다. 다양한 사람으로부터 최소한 총액 5만 달러의 자금을 모집해야 했던 것이다. 크라우드 펀딩에 실패하면 자금을 제공하겠다는 사람이 있어도 돈을 받을 수 없으므로 그레퍼는 블로그와 SNS를 통해 자금 제공자를 필사적으로 모집했다. 또 그를 응원하던 친구와 지인들도 크라우드 펀딩이 성립되기를 바라며 SNS 등을 통해 시제품을 열심히 홍보했다.

결국 쿨리스트 쿨러는 목표 금액을 무사히 달성하여 크라우드 펀딩에 성공했다. 성공한 정도가 아니라, 무려 1,328만 5,226달러를 모아 당초 목표액인 5만 달러보다 세 자리나 높은 금액을 달성해 대성공을 거뒀다. 크라우드 펀딩에서는 외국의 자금도 받을 수 있었다.

투자금액에 따라
제공받는 물건이 달라진다

크라우드 펀딩은 제공한 자금의 규모에 따라 리턴(return: 반환)과 리워드(reward: 보수)가 달라진다.

쿨리스트 쿨러의 경우, 지원 금액이 최소 5달러부터 최대 2,000달러까지 폭넓게 설정되었다. 그레퍼는 5달러를 지원한 사람에게는 감사하는 마음을 담아, "제가 개인적으로 쓰는 쿨리스트 쿨러에 여러분의 이름을 새기겠습니다"라고 약속했다. 25달러를 지원한 사람에게

쿨리스트 쿨러의 지원 금액 5~185달러에 따라 달라지는 대가

는 쿨리스트 오리지널 파티컵을, 55달러를 지원한 사람에게는 파티컵과 오리지널 티셔츠를 보내주기로 했다. 그리고 185달러(한정 수량의 조기 할인은 165달러)를 지원하면 완성품 쿨리스트 쿨러를 보내주겠다고 약속했다.

그러면 최대인 2,000달러를 지원한 사람에게는 무엇을 약속했을까? 놀랍게도 그레퍼는 "당신의 집에 가서 쿨리스트한(최고로 멋있는) 바텐더가 되어드리겠다"는 약속을 했다. 또 쿨리스트 쿨러가 완성되자마자 제일 먼저 배달해드리겠다고도 했다. 나는 그것을 보고 '재미있기는 하지만 이런 이유 때문에 2,000달러를 지원하는 사람이 과연 있을까?' 하고 생각했었다. 하지만 실제로는 2,000달러를

지원한 사람이 8명이나 되었다. 세상에는 다양한 욕구가 있는 모양이다.

크라우드 펀딩에서의 이러한 차등은 무척이나 잘 만들어진 시스템이다. 그레퍼의 새로운 시도에 공감하고 재미를 느낀 사람은 그 공감도에 따라 다양한 금액을 지원할 수 있기 때문이다.

아웃도어 용품점에서 쿨리스트 쿨러 같은 아이스박스를 발견하고 "정말 훌륭한 제품이다!"라고 아무리 감탄해도, 소비자는 그것을 살지 말지 선택할 수 있을 뿐이다. 아웃도어 용품점에서도 아이스박스를 사러온 고객에게 제품 가격 이상의 돈을 받을 수는 없다. 설사 그런 수단이 있다 해도 아마 애프터서비스라는 별도의 비즈니스 형태를 취해야 할 것이다.

크라우드 펀딩은 같은 제조업이기는 하지만 제품에 대한 공감과 재미, 그리고 뛰어난 아이디어를 낸 사람을 '응원'하는 감정 자체가 수익을 낳도록 하는, 지금까지 없었던 완전히 새로운 구조의 제조업이다.

크라우드 펀딩은 예약주문이다

참고로, 대다수인 5만 123명은 쿨리스트 쿨러 완성품을 받을 수 있는 185달러를 선택했다. 즉 그레퍼는 상품을 발매하기 전, 아니, 생산하기도 전에 5만 개 이상의 예약주문을 받은 셈이다. 실질적인 효과는 그보다 더 크다. 왜냐하면 일반적인 예약주문에서는 제품을 출하한 후에 돈을 받지만 크라우드 펀딩 서비스는 대부분 펀딩이 성공한 시점에 돈을 받기 때문이다. 즉 제조자 측에서 보면 아직 존재하지 않는 제품을 개발하기 위한 지원금을 받는 것이다.

신생 스타트업에게 이만큼 솔깃한 이야기는 없을 것이다. 이미 주문받은 물건을 크라우드 펀딩으로 모은 자금을 활용하여 만드는 구조이므로, 확실한 이익과 실적을 기대할 수 있다.

단 쿨리스트 쿨러에는 후일담이 있다. 당초에는 일반 판매 가격을 299달러로 예상했지만 더 좋은 제품을 만들기 위해 개량을 거듭한 결과 비용이 예상 외로 불어나 크라우드 펀딩 외의 일반 판매 가격이 485달러로 높아진 것이다. 크라우드 펀딩에서 설정한 185달러의 가격이 너무 낮았던 셈이다. 그러나 예약판매가 이미 이루어져 그 가격에 제품을 보내야 했으니 이익이 얼마나 남았을지 미루어 짐작할 수 있다. 이익이 거의 없었을지도 모른다.

그래도 그레퍼는 크라우드 펀딩으로 큰 이득을 얻었다. 적어도 쿨리스트 쿨러라는 이름은 SNS와 인터넷 매체에서 크라우드 펀딩에 큰 성공을 거둔 쿨한 아이스박스로 자주 언급되며 발매 전부터 높은 인지도를 얻었다. 덕분에 제품을 취급할 판매점과의 교섭도

원활했을 것이다. 추가 비용을 광고비로 여긴다면 결코 많은 비용
은 아닐 것이다.

스타트업에게 크라우드 펀딩은, 예약주문을 통해 상품대금을
사전에 회수할 수 있는 고마운 시스템이다. 동시에 SNS와 인터넷
매체를 통해 이런 재미있는 물건이 만들어진다는 입소문을 퍼뜨려
큰 판매촉진 효과를 얻을 수 있는 훌륭한 활동 기반이기도 하다.

크라우드 펀딩으로
모여드는 프로젝트

독자 중에는 크라우드 펀딩으로 물건 판매가 이루어지는 것을
의외라고 느끼는 사람이 있을지 모른다. 왜냐하면 크라우드 펀딩
은 SNS로 공감을 얻어 사회에 공헌하는 활동이라는 인상이 강하
기 때문이다.

크라우드 펀딩은 페이스북, 트위터 등 SNS가 대중화된 이후에
본격적으로 보급되기 시작했다. 쿨리스트 쿨러를 탄생시킨 미국의
크라우드 펀딩 사이트 킥스타터는 2009년 4월에 만들어졌지만 일
본의 레디포(READYFOR?)는 그로부터 2년 후인 2011년 4월에, 캠
프파이어(CAMPFIRE)는 같은 해 6월에 탄생했다.

이들 일본의 크라우드 펀딩 사이트는 2011년 3월 11일 동일본 대지진이라는 전대미문의 재해가 일어난 직후에 탄생했다. 이 신생 사이트에 피해 복구를 위한 수많은 프로젝트가 모여들었고, 선의의 기금이 모아지는 가운데 크라우드 펀딩이라는 개념이 많은 사람에게 각인되었다.

피해 복구 프로젝트 중에서는 레디포에서 실시한 리쿠젠타카타[陸前高田] 시의 텅 빈 도서관을 책으로 가득 채우는 프로젝트가 가장 유명하다. 피해 지역의 가설 건물에 만들어진 도서관에 장서를 채워 넣기 위한 프로젝트다. 이 크라우드 펀딩의 목표 금액은 200만 엔이었으나 결과적으로는 862명에게서 824만 엔을 받을 수 있었다. 프로젝트의 의의가 큰 공감을 불러일으켜, 목표액의 4배가 넘는 자금이 모인 것이다.

앞서 말했다시피 크라우드 펀딩은 프로젝트 제안자가 SNS를 통해 프로젝트를 홍보하는 것이 특징인데 그중에서도 사회공헌에 관한 프로젝트에는 '좋아요!'도 많이 달리고 리트윗도 활발하게 일어난다. "피해 지역의 도서관이 텅 비어 있으니 마음이 아프다, 나뿐만 아니라 친구들의 협력도 요청하자"는 등 소식이 급속히 전파되는 것이다. 사람들 사이의 이런 연계를 통해, 실제로 많은 프로젝트가 크라우드 펀딩에 성공했다.

레디포에서 최근에 가장 큰 성공을 거둔 프로젝트는 오키나와 섬의 응급 환자를 이송할 '의료용 비행기를 구입하자!'는 NPO 법인의 프로젝트였다. 목표는 3,500만 엔이었으나 445명으로부터 3,629만 엔이 모금되었다. 프로젝트 이름처럼 비행기를 구입하는 프로젝트여서 매우 높은 목표액이 설정되었지만 많은 이들의 협력으로 무사히 성공할 수 있었다. 이처럼 크라우드 펀딩 자체의 인지도가 높아지고 SNS 이용자가 많아짐에 따라 모금하는 자금의 규모도 커지고 있다.

물건은 비언어다

그러나 크라우드 펀딩이 사회공헌 프로젝트만 취급하지는 않는다. 앞에서 소개한 쿨리스트 쿨러와 같은 상품 개발 프로젝트도 많이 취급한다. 최근 킥스타터에서 성공을 거둔 사례로는 전자종이를 활용한 스마트워치, 오리지널 보드게임, 게임기, 고음질 음원용 뮤직 플레이어, 손바닥 만한 드론 등의 개발 프로젝트를 들 수 있다. 또 영화나 게임 소프트웨어 제작 등 창작 프로젝트도 종종 눈에 띈다.

왜 크라우드 펀딩에 물건을 제조하는 프로젝트가 많이 몰릴까? 나는 그 이유로 '비언어(非言語)'라는 키워드를 들고 싶다.

비언어란 무엇일까? 앞에서 말한 쿨리스트 쿨러의 크라우드 펀딩을 예로 설명해보자.

크라우드 펀딩에서 가장 중요한 일은 프레젠테이션, 즉 프로젝트 내용과 시제품을 소비자에게 보여주는 과정이다. 쿨리스트 쿨러가 그 중요성을 단적으로 증명한다. 결국은 대성공을 거두었지만 그레퍼는 1년 전에도 똑같은 아이스박스 시제품으로 12만 5천 달러의 목표를 내걸고 크라우드 펀딩에 도전했다가 실패한 경험이 있기 때문이다. 그는 그때를 거울삼아 디자인을 멋지게 변경하고, 제품의 매력을 충분히 전달할 수 있는 동영상을 새로 만들었다. 시각적인 면을 대폭 개선한 것이다.

그 결과, 앞에서 말한 대로 약 1,330만 달러의 거액을 모을 수 있었다. 이 크라우드 펀딩에 참여한 사람은 실제로 6만 2,642명에 달한다. 입소문이 퍼지는 데 기여한 인터넷 뉴스를 보면, 쿨리스트 쿨러로 얼마나 다양한 기능을 편리하게 이용할 수 있는지에 대한 사진과 해설, 그리고 캠핑을 만끽하는 장면이 자세히 나와 있다. 홍보용 동영상도 기사에 등장한다. 이처럼 인터넷 기사에 인용될 만한 시각적 요소가 충분하기 때문에 영어로 된 긴 설명을 굳이 듣거나 읽지 않아도 저절로 갖고 싶다는 생각이 들었던 것이다.

물건은 디자인과 기능이다

그렇다면 과연 물건이란 어떤 존재인지 한번 생각해보자. 왜 소비자는 쿨리스트 쿨러를 갖고 싶다고 느꼈을까? 역시 물건은 언어가 아니기 때문에, 즉 비언어라서 이해하기 쉬웠기 때문이다. 물건에서 가장 중요한 요소는 디자인과 기능이다. 대부분의 사용자는 이 요소를 기준으로 구매를 결정한다.

여기서 말하는 디자인과 기능이란, 누구나 한눈에 멋지다, 예쁘다, 그리고 훌륭하다, 편리하다고 느낄 수 있는 특성을 말한다. 물건은 원래부터 비언어다. 예컨대 패션 상품은 디자인이 가장 중요하므로 보자마자 멋지다, 예쁘다고 느껴서 자연스럽게 갖고 싶다는 생각이 들어야 한다. 사실 이 점은 모든 물건에 공통될 것이다.

사실 기존의 가전제품은 성능과 구성 요소 등 사양에만 의존하는 경향이 강했다. 하지만 디지털카메라가 500만 화소든 1,000만 화소든, 보통 사람의 눈으로는 그 차이를 거의 구분하지 못한다. 사상 최고의 해상도를 호소하는 4K TV[01]도 마찬가지다. 꼼꼼히 비교해보면 성능의 차이가 눈에 들어올지도 모르지만 한눈에 갖고 싶다고 느껴질지는 의문이다. 훌륭한 사양도 하나의 장점인 것

01 4K 해상도: 가로 해상도가 4킬로픽셀에 달하는 차세대 고화질 해상도.

은 사실이지만 사양은 한눈에 들어오는 특성이 아니다. 따라서 어느 정도의 품질만 확보된다면 아무리 훌륭한 사양이라도 상품에 대한 수많은 정보 중 하나로 머물고 만다.

물건은 비언어인 덕분에
전 세계에 판매된다

물건은 디자인과 기능이라는 비언어적 요소로 이루어진다는 것이 내 지론이다. 물건은 그렇기 때문에 글로벌해질 수 있다고 생각한다.

세레보는 내가 투자하는 하드웨어 스타트업, 즉 전자기기 등을 만드는 신흥 모노즈쿠리 기업 중 하나다. 또 서론에서도 언급했듯이 내가 프로듀싱한 DMM.make AKIBA의 첫 번째 입주 기업이기도 하다. 이들은 미국 각지에서 매년 수차례 개최되는 국제전자제품박람회(CES: Consumer Electronics Show)에서도 큰 주목을 받으며 일본을 대표하는 가전 스타트업으로 발돋움하고 있다.

세레보는 놀랍게도, 벌써 자사 제품의 해외 판매 비율을 60% 이상으로 올려놓았다. 대상 국가는 미국, 캐나다, 영국, 네덜란드, 노르웨이, 스웨덴, 덴마크, 핀란드, 이탈리아, 아이슬란드, 한국, 인도, 슬로베니아, 크로아티아, 세르비아, 보스니아 헤르체고비나, 싱가포르, 말레이시아, 베네수엘라, 도미니카공화국, 브라질, 심지어 버뮤다 제도까지 무려 35개국에 이른다.

지금 나를 포함한 많은 투자자가 이런 하드웨어 스타트업 기업에 주목하고 있다. 실리콘밸리의 유명 시드 액셀러레이터인 Y 콤비네이터(Y Combinator)도 스타트업의 성과를 검증하기 위해 계절별로 데모 데이(Demo Day)라는 행사를 개최한다. 그런데 2015년 하계 데모 데이의 첫날에 등장한 50개 사 중 무려 20개 사가 하드웨어 관련 스타트업이었다. 역시나 물건은 비언어이기 때문이 아닐까?

최근의 하드웨어 스타트업은 물건을 만들어 파는 것만 생각하지 않는다. 하드웨어 스타트업은 무엇을 추구하며, 그들의 수익성이 실리콘밸리의 눈길을 끌 만큼 성장한 이유는 무엇일까? 그 비밀은 제3장에서 더 자세히 다룰 예정인데 그것만 제대로 이해한다면 인터넷 서비스로는 좀처럼 해외진출에 성공하지 못했던 IT 기업도 하드웨어 분야의 새로운 가능성을 발견할 수 있을 것이다.

10만 엔짜리 완구가 팔릴까

이처럼 글로벌 시장을 겨냥하고 있는 세레보지만 그들이 발표한 제품 중에는 누구나 이게 정말로 세계적으로 팔릴까 하며 고개를 갸웃거릴 만한 것이 있다. 나도 세레보가 애니메이션 〈사이코-패스(Psycho-pass)〉에 등장하는, 스스로 변신하고 말도 하는 특수 권총 도미네이터를 완구로 만들어 출시한다는 소식을 처음 들었을 때는 적잖이 놀랐다. 그것이 2015년 7월의 일이다.

도미네이터는 실물 크기로 정교하게 만들어진 데다, 내장된 배터리와 모터를 활용하여 자동 변신하는 멋진 모습이 애니메이션에서 본 그대로다. 본체에 붙은 LED 조명이 청백색으로 빛나며 평상시와 변신할 때에 각기 다른 패턴을 보이는 것도 애니메이션과 똑같다. 애니메이션의 팬이라면 "이건 정말 진짜 같아!" 하며 자신도 모르게 감탄할 듯하다.

또 이 완구에는 애니메이션의 열성 팬이 좋아할 만한 몇몇 기능이 더 있다. 한 예로 손잡이를 쥐고 특정인을 겨냥하는 등의 동작을 취하면 애니메이션 제작에 실제로 참여했던 성우가 이 제품을 위해 녹음한 백 가지 이상의 캐릭터 음성이 흘러나온다. 또 카메라와 무선 LAN이 탑재되어 있어 스마트폰과 연동하므로, 누군가에게 권총을 겨냥하면 그 사람의 잠재적 범죄 확률인 범죄계수(어디까지나 애니메이션에 나오는 가공의 설정이지만)가 스마트폰 화면에 표시된다.

가격은 10만 엔 정도로 책정될 예정이므로 완구로서는 상당히 비싼 편이다. 보통 소비자라면 그런 걸 누가 사겠느냐고 생각하기

세레보가 출시한 완구로 특수 권총인 도미네이터 맥시(Dominator Maxi, 개발 코드네임)

쉽다. 세레보에 투자하는 역할을 맡은 나조차 개발 승인을 망설였을 정도다.

그러나 놀랍게도 도미네이터가 청백색으로 멋지게 빛나며 변신하는 모습을 촬영한 제품 발표회의 동영상이 순식간에 SNS에 퍼져나갔다. 해외 뉴스 사이트에서도 그 수십 초짜리 동영상에 큰 관심을 보였다. 심지어 내가 페이스북에서 본 게재·재생 건수만도 800만 건을 넘었다. 이 동영상은 그야말로 순식간에 해외·국내를 불문하고 각종 애니메이션 팬, 소도구 애호가가 모이는 뉴스 사이트 등에 전파되었으며 SNS를 통해 전 세계에 공유되었다.

소식이 이렇게 빨리 전파된 것은 물건이 비언어이기 때문임을 이때 새삼 느꼈다. 도미네이터는 아직 발매되지 않았으므로(실제로 2016년 3월에 출하되었다) 실제로는 얼마나 팔릴지 모른다. 그러나 SNS와 뉴스 기사를 통해, 적어도 그 상품을 갖고 싶다고 생각할 만한 잠재적 구매자에게는 충분한 홍보가 되었으리라 생각한다.

대기업이 창의적인 제품을 만들 수 없는 이유

세레보 같은 스타트업이 아닌 대형 완구 제조사였다면 과연 이 10만 엔짜리 완구를 만들려고 했을까? 기술력은 충분했겠지만 아마도 시장을 고려하여 만들지 않는 쪽을 선택했을 것이다.

대기업은 완구를 항상 수만 개 단위로 만들기 때문이다. 이 권총도 예외는 아니다. 대기업이라면 기능을 얼마간 압축하고 조달 비용이 적게 드는 소재를 쓰는 등 가격을 내리기 위해 노력했을 것이다. 대기업은 제품의 생산·출하 단위를 키워야만 자사가 기존에 보유한 판매망의 납품 요구를 수적으로 맞출 수 있다. 또 자사 공장을 운영할 경우, 적은 수량 단위로는 가동률을 충분히 올릴 수 없다. 즉 대량으로 만들고 광고·마케팅 활동에 큰 금액을 투자하여 대량으로 파는 것이 대기업의 생리다. 그렇지 않으면 기존의 시스템이 무용지물이 된다. 그래서 대기업은 10만 엔짜리 완구를 만들 수 없다.

세레보의 이와사 대표는 이에 대해 대기업의 기본은 성공한 사례를 패턴화한 뒤 대량의 인적·금전적 자원을 투입하여 그 패턴을 반복하는 것이라고 늘 말한다. 이것이 작은 기업이 모방할 수 없는 대기업의 강점이겠지만 때로는 약점이 될 수 있다. 대형 제조사는 10만 엔짜리 스마트폰 연동형 권총 같은 것은 만들어본 적도, 팔아본 적도 없어서 쉽사리 도전할 수 없는 것이다.

'혁신 기업의 딜레마'라는 말이 있듯이 사원이 수백 명, 수천 명, 수만 명으로 늘어나고 회사 규모가 커짐에 따라 기획 당시에는 무척 재미있었던 제품의 차별점이 실제로 제품을 제작하는 단계에서 사라지는 일이 많다. 현재 근무하는 사원의 일을 없애지 않기 위해, 또는 기존 고객을 지키기 위해 등등, 다양한 사람의 이해가 여과 필터로 작용하기 때문이다. 어쩌면 사장과 임원이 그 제품을 탐탁지 않게 생각한다는 이유만으로도 멋진 기획이 사장될 수 있다. 그래서 대기업이 독창적이고 참신한 제품을 여간해서는 만들지 못하는 것이다.

역으로, 그렇기 때문에 크라우드 펀딩에 등장하는 제품이 독창적이고 창의적인 것이 아닐까? 지금 크라우드 펀딩 사이트에 물건 제조 프로젝트가 즐비한 것은 대기업이 감각 있는 물건을 만들지 못한다는 현실의 방증일지도 모른다. 실제로 DMM.make AKIBA

에 입주한 스타트업 직원들 중에는 대형 제조사 출신이 압도적으로 많다. 앞으로 이 책에서 메이커스를 소개할 때도 ○○○출신이라는 말을 종종 쓸 것이다. 각자 다른 사정이 있을 테지만 이들이 메이커스가 된 데에는 제작자가 자유롭게 물건을 만들기가 어려운 제조 대기업의 특성도 큰 영향을 미친 듯하다.

종합 전기 회사처럼 규모가 큰 기업일수록 R&D, 즉 연구개발을 전담하는 부서를 두고 있으므로 일반적으로는 기술력이 높다고 여겨진다. 최근에는 일본 기업의 실적이 좋지 않아 개발 부서가 축소되는 추세이기는 하지만 새로운 제품을 만드는 기술력과 개발 잠재력은 여전하다고 보아야 한다. 그러나 창의적인 인재를 어렵게 확보하고도 독특한 제품을 좀처럼 만들어내지 못하는 것이 대기업의 안타까운 현실이다.

파나소닉과 스타트업의 협업

그래서 대형 제조사의 뛰어난 기술력과 스타트업의 과감한 창의성을 연계하는 움직임도 일어나고 있다. 사실 세레보를 창업한 이와사 다쿠마도 파나소닉 출신이다. 그런 인연 덕분에, 세레보는 지금 파나소닉의 감정인식 기술을 상품화하는 기획을 진행하고

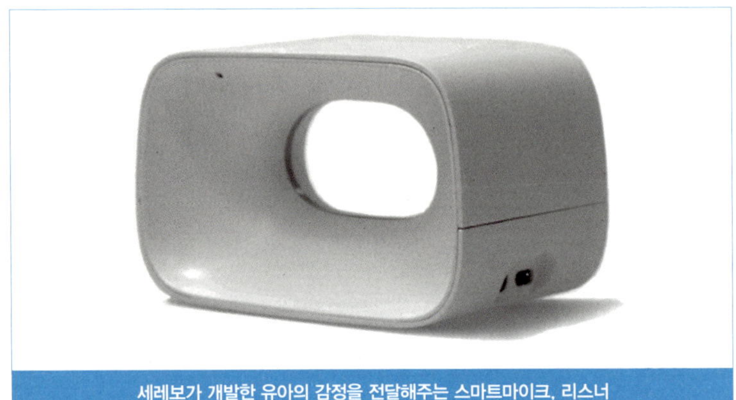

세레보가 개발한 유아의 감정을 전달해주는 스마트마이크, 리스너

있다.

이들이 개발하는 리스너(Listnr)는 유아의 울음소리에서 울음, 웃음, 고함, 옹알이 등의 감정 패턴을 인식한 후, 그것을 LED 조명과 스마트폰 애플리케이션을 통해 어머니나 보호자에게 통지하는 장치다.

파나소닉의 R&D 부문은 이미 감정인식 기술을 개발하고도 그것을 제품화하지 못하고 있었다. 그래서 세레보와의 협업을 통해 그러한 기술을 바탕으로 한 최종 제품을 발매함으로써 그 성능을 실증하기로 했다. 리스너는 2015년 내 출하를 계획하고 있다(실제로는 2016년 초에 출하되었다). 획기적인 기술이 세상에 나오지 못하고 파나소닉 안에 묻혀 있게 되는 안타까운 사태가 벌어지지 않아서 다행이다.

이처럼 이전에 없었던 틈새상품, 다시 말해 판매점에서 어떤 매장에 두어야 할지 고민할 듯한 새로운 범주의 제품은 역시 대기업으로서는 만들기가 쉽지 않다. 기존 시장이 아예 존재하지 않는 제품을 만드는 데에는 당연히 실패의 위험이 따르므로 제작자는 큰 용기를 내야 한다. 그러므로 스타트업의 과감함이 꼭 필요한 것이다.

리스너를 만들 때는 다행히 뛰어난 기술을 보유한 파나소닉과 이와사 대표의 과거의 인연이 징검다리가 되어주었지만 나는 이것 말고도 대기업의 기술 자산을 스타트업이 활용하는 사례가 훨씬 더 많아져야 한다고 생각한다.

사족 같은 말을 덧붙이자면, 리스너는 킥스타터의 크라우드 펀딩에 5만 달러라는 목표를 내걸고 도전한 결과 6만 3,000달러를 모으는 성공을 거두었다. 그러나 웬일인지, 목표 금액을 달성한 이후에 운영자 측에서 프로젝트를 중단하기로 결정하여 결국 투자금이 지급되지 못했다. 물론 이유를 물었지만 규약에 저촉된다는 답변뿐이어서 지금도 정확한 이유는 알려지지 않았다. 크라우드 펀딩이라는 하나의 플랫폼에만 의존하는 것이 얼마나 위험한지 깨닫게 하는 사건이었다.

토요타의 광고에도 등장한
AKIBA의 작품, 빛나는 신발

요즘 재미있는 물건을 만드는 메이커스가 많아졌다. 그중에서도, 누군가 내게 메이커스가 만든 재미있는 물건을 소개해 달라고 했을 때 제일 먼저 떠오를 듯한 제품이 있다. DMM.make AKIBA에서 활동하는 하드웨어 스타트업 노 뉴 포크 스튜디오(No new folk studio)가 개발한 빛나는 신발, 오르페(Orphe)다.

오르페는 동작 센서와 100개 이상의 풀 컬러 LED를 내장한 스마트 슈즈로, 단순히 빛나는 신발 그 이상의 장치다. 사용자는 스마트폰 · 태블릿의 애플리케이션은 물론 오르페에 내장된 센서를 활용하여 LED 빛을 제어할 수 있다. 음악과 영상에 맞추어 불빛의 색과 점등 타이밍을 조작함으로써 댄스 퍼포먼스에 새로운 표현을 더할 수 있는 것이다.

백문이 불여일견이니 오르페의 동영상을 PC나 스마트폰으로 꼭 찾아보기 바란다. 영문자 Orphe로 검색하면 금세 찾을 수 있다. 말로 설명하지 않아도 그 디자인과 기능의 매력에 푹 빠질 것이다. 특히 오르페를 활용하면 멋진 댄스 퍼포먼스 사진을 찍을 수 있다. 춤을 좋아하는 사람이라면 말할 것도 없다. 자신의 춤에 새로운 표현을 더하고 싶은 사람이라면 이 빛나는 신발을 꼭 갖고

싶어지리라 생각한다.

또 센서를 이용하여 사용자의 동작을 기록할 수 있으므로, 다양한 춤 동작 데이터를 축적하여 그것을 바탕으로 더 새롭고 독창적인 댄스 퍼포먼스를 고안하는 일도 가능하다.

오르페도 2015년 3월에 목표 금액 5만 달러의 크라우드 펀딩에 도전하여 6만 8,450달러를 모으는 데 성공했다. 그리고 2016년에는 일반 판매를 개시할 예정이다. 이들은 킥스타터와 어깨를 나란히 하는 미국의 대형 크라우드 펀딩 사이트 인디고고(Indiegogo)에서 크라우드 펀딩을 진행했으며, 지금은 전 세계로부터 응원의 메시지를 받고 있다.

사실 오르페는 이미 토요타 자동차 비츠(Vitz)의 광고에도 등장한 바 있다. 세계적인 활약을 펼치는 일본인 여성 댄서 스가와라 고하루[菅原小春]가 오르페를 신고 멋진 춤사위를 펼치는 모습이 광고에 들어가 있다.

스가와라를 추앙하는 춤꾼들은 그 광고를 보면 오르페가 갖고 싶어질 것이다. 또 댄서 커뮤니티의 존경받는 실력자가 오르페를 선보이면 주변의 많은 멤버들이 그 매력에 빠져들 것이다.

그런데 여기서 더 나아가, 스가와라의 퍼포먼스를 데이터화한다면 어떨까? 그러면 누구나 오르페를 신고 그녀의 춤을 따라하며 배울 수 있다. 동작 데이터를 바탕으로, 사용자가 맞는 동작을 취하면 파란 불이 들어오고 틀린 동작을 취하면 빨간 불이 들어오게 할 수 있기 때문이다. 이처럼 오르페는 스가와라처럼 춤을 잘 추고 싶은 사람을 위한 교육용 신발로 활용될 가능성도 있다.

제작자와 구매자의 상호작용

DMM.make AKIBA에서 크라우드 펀딩에 성공하는 스타트업을 지켜보면 상호작용의 중요성을 절감하게 된다. 그중에서도 물건을 만드는 하드웨어 스타트업과 물건을 사는 사용자 사이의 상호작용이 가장 중요하다. 가령 크라우드 펀딩을 통해 자금을 지원한 사용자는 제작자가 발신한 정보와 메시지를 받아보고 그것에 대해 다시 댓글 등의 반응을 돌려준다. 그야말로 내가 추구하는 서로 연결된 관계가 실현되는 것이다.

이와 같은 제작자와 구매자 사이의 상호작용이야말로 크라우드 펀딩이 하나의 생태계를 진화시킬 수 있었던 원동력이다.

물건의 제조에는 상품 기획, 시제품 제작, 생산, 조립, 판매, 애프터서비스라는 일련의 흐름이 있다. 일반적인 제품, 가령 냉장고를 예로 들면, 구매자는 가전매장에 가서야 비로소 냉장고를 본다. 그때 디자인과 기능, 가격을 검토하고 구입을 결정한다. 즉 판매가 시작되어야 비로소 상품을 접하는 것이다. 이것이 지금까지는 상식이었다.

이에 비해 크라우드 펀딩의 경우, 제조의 가장 상류에 자리한 상품 기획 단계에서부터 제작자가 구매자에게 제품의 디자인과 기능을 알려준다. 리턴 및 리워드 금액과 가격이 제시되고, 구매자는 제품이 만들어지기 전에 구입을 검토한다. 즉 크라우드 펀딩에서는 구매 후 제품을 받기까지 일정한 시간차가 있다.

그래서 일반적인 크라우드 펀딩의 리턴 및 리워드 란에는 해당 제품 또는 서비스의 출하·배송 예정일이 표시된다. 경우에 따라 대금을 지불한 뒤 제품을 받기까지 몇 개월, 길면 1년 이상이 걸릴 때도 있으니 구매자로서는 매우 긴 시간을 기다려야 한다.

그 사이에 제작자는 지원자에게 제품의 개발 상황을 수시로 알려준다.

전자종이를 활용한 스마트워치 페블(Pebble)을 예로 들어보자. 페블은 킥스타터에서 2회에 걸쳐 합계 3,000만 달러라는 거액의 자금을 조달함으로써 대성공을 거둔 후, 제품을 개발하는 과정을 블로그와 SNS를 통해 적극적으로 공유했다. 제작자가 "이런 화면이 완성되었다", "멋진 손목 밴드를 만들었다", "이런 공장에서 생산한다"는 정보를 발신할 때마다 자금을 지원한 사람들로부터는 "빨리 받고 싶다", "이렇게 멋지다니", "하나 더 살 걸 그랬다"는 뜨거운 반응이 이어졌다.

이와 같은 구매자의 피드백은 제작자에게 매우 중요하다. 제작자도 사람이기 때문이다. 이렇게 많은 사람들이 우리의 제품을 기꺼이 기다리고 있다는 생각이 들면, 기대에 부응할 수 있도록 훌륭한 제품을 만들자는 의욕이 샘솟고 제품을 개발하는 속도도 빨라질 것이다.

100개국에서 100대씩 팔면 1만 대

제작자와 구매자의 상호작용은 크라우드 펀딩처럼 정해진 형식을 따르지 않아도 무방하다. SNS가 대중화된 덕분에, 특정한 취미·기호를 계기로 모인 커뮤니티와 네트워크가 잠재적 구매자 집단으로서 여기저기 존재하게 되었기 때문이다. 예를 들어 요즘 음악 팬들은 좋아하는 뮤지션의 공연장을 찾아 공연을 즐기는 동시에, 그 공연이 끝나기도 전에 LINE 등의 SNS 그룹을 만들어 사진과 감상 등을 서로 공유하기 시작한다. 같은 대상을 좋아하는 사람들끼리 모이기가 무척 쉬워진 세상이다.

이런 변화에 힘입어 개발을 서두르고 있는 제품들도 있다. 2015년 1월 CES에서 디지털 트렌드 기업에 수여하는 상 중 스포츠&피트니스 부문 최우수 제품상을 수상한 세레보의 SNOW-1이

세레보의 SNOW-1. 스노보드 바인딩에 다양한 센서를 탑재했다.

그중 하나다.

이 제품은 스노보드 바인딩, 즉 스노보드와 신발을 고정하는 부품에 다양한 센서를 탑재한 장치다. 이 제품을 이용하면 스노보드를 잘 타기 위해 꼭 필요한 하중 등의 균형 상태를 발바닥 센서로 계측하거나 스노보드의 휘어짐 등의 세세한 정보를 스마트폰으로 확인할 수 있다. 그야말로 스노보더가 꼭 갖고 싶어 할 만한 물건이다.

이 역시 가전 대기업이나 대형 스포츠 용품 제조사로서는 개발하기 어려운 제품일지 모른다. 원래부터 시장은 존재했지만 대기업은 마라톤과 자전거처럼 경기에 참여하는 인구가 많은 스포츠 쪽부터 투자하기 마련이다. 느닷없이 스노보드 제품을 개발하는 회사는 아마 겨울 스포츠 전문 기업뿐일 것이다. 오히려 이런 틈새 상품이기 때문에 세레보가 만들어 팔 여지가 있었는지도 모른다.

세레보는 세계의 스노보더가 모이는 인터넷 커뮤니티 사이트 등에서도 잠재적 사용자와의 사전 교류를 이어가고 있다. 이 교류는 제품이 발매될 때까지, 아니 그 이후에도 계속될 것이다. 세레보는 사용자와의 대화를 통해 제품 기획에 대한 직접적 반응을 확인한 후 개발에 임한다. 여기에는 제작자와 사용자의 확실한 상호 작용이 존재한다.

세레보는 이들 핵심 고객의 요구를 최우선으로 수용한다. 사실 SNOW-1을 개발할 당시에는 굳이 바인딩이 아니라 외부에 붙이는 장치만으로도 충분하지 않겠느냐는 의견이 많았다고 한다. 그러나 비용이 다소 들더라도 스노보더가 어떤 기능을 하는 제품인가를 한눈에 알 수 있도록 바인딩에 기능을 탑재해야 한다는 것이 세레보의 최종적인 판단이었다. 그래야 핵심 고객들이 SNS와 커뮤니티에서 "이건 꼭 사야 해!"라는 분위기를 만들 것이고, 그러한 무료 홍보 효과로 세계 판매를 노릴 수 있다는 것이다.

옛날부터 세계시장을 의식했다는 세레보의 이와사는 입버릇처럼 말한다.

"한 나라에서 100대밖에 팔지 못해도, 100개국에서 팔면 합계 1만 대가 됩니다."

즉 인터넷을 활용하여 전 세계에 산재하는 SNS 등의 커뮤니티 시장을 빠짐없이 파악하고 수요를 정확히 예측하여 제품 개발을 시작해야 한다는 것이다. 요즘 그는 고객이 원하는 기능을 어느 정도 압축하여 제품 가격을 낮추고 개발 속도를 올리는 방법을 모색하고 있다. 이런 식으로 세계적 틈새시장에서 수익을 내는 것이야말로, 새로운 모노즈쿠리의 대표 주자인 세레보의 핵심 전략이다.

로봇 청소기도 처음에는
틈새상품이었다

로봇 청소기 룸바를 아는가? 미국 아이로봇(iRobot) 사가 2002년에 개발한 로봇 청소기의 선구자다. 지금은 가전 대기업도 로봇 청소기를 다양하게 만들지만 룸바가 탄생했던 당시에는 유사한 상품조차 찾아보기 힘들었다. 즉 로봇 청소기 시장 자체가 존재하지 않았다.

아이로봇은 미국 매사추세츠 공과대학 MIT 인공지능 연구소에서 일하던 연구자 3명이 1990년에 창업한 회사다. 이들은 1997년에 첫 번째 프로토타입(시제품)을 만들었으며, 적외선 센서·자동청소를 위한 알고리즘·충전지 등을 차례차례 개발한 결과 2002년에 드디어 로봇 청소기를 출시했다.

일본 시장에 룸바는 2004년에 진입했다. 처음에는 판매가 부진했지만 점차 호조를 띠기 시작했고, 결국은 로봇 청소기 시장이 새로 만들어졌다. 이렇게 수요가 늘어나자 가전 대기업들도 줄줄이 유사 상품을 만들어냈다. 도시바는 2011년, 샤프는 2012년, 파나소닉은 2015년에 각각 로봇 청소기를 출시했다.

다시 말해 로봇 청소기는 상품 분류조차 존재하지 않는 틈새상품이었다. 누군가 집을 알아서 청소해주면 좋을 텐데라고 생각하는 사람은 많았지만 '로봇 청소기가 있었으면 좋겠다', '로봇 청소기를 갖고 싶다'고 생각하는 사람은 없었다. 그 존재조차 아무도 상상하지 못했기 때문이다. 그래서 일단은 아이로봇 같은 스타트업이 미지의 제품을 만들어 팔아보는 수밖에 없었다. 사실 아이로봇은 룸바가 출시되기 전에도 원격 조작 로봇을 만들어 판 적이 있었지만 그것은 대실패였다고 한다. 이처럼 전혀 새로운 개념의 제품을, 구매가 얼마나 이루어질지 막연하게 예측하여 만들기란 과거에는 매우 어려운 일이었다.

그러나 지금은 다르다. 앞에서 언급한 스노보드 바인딩 SNOW-1처럼, 인터넷에는 특정한 취미·기호를 공유하는 커뮤니티가 반드시 존재한다. 또 인터넷이 등장한 지 벌써 20년이 지난 지금, 웹상에는 일기와 블로그, 기사와 댓글이 어마어마하게 쌓여 있다. 덕분에 아무리 틈새상품이라도 그 판매 가능성을 어느 정도는 예측할 수 있다.

만약 지금 누군가가 로봇 청소기를 개발하려 한다면, 개발 전에 분명 '로봇, 청소'라는 키워드로 인터넷의 정보를 검색할 것이다. 관련 게시물을 작성한 사람의 수와 내용을 살펴보고 어느 정도의 수요가 있을지 추측하기 위해서다. 이는 어느 나라의 시장이든 동일하다. 영어권 시장을 분석하려면 검색어를 'robot, cleaner'로 바꾸기만 하면 된다.

만약 수요가 국내에 100명밖에 존재하지 않는다면 그것을 제품화하기는 어려울 것이다. 그러나 세계 100개국에 수요가 100명 씩 있다면 훌륭한 시장이 형성될 가능성이 있다. 옛날에는 틈새시 장이라고 불렸던 작은 시장이 지금은 '글로벌 틈새시장'으로 크게 확대된 것이다.

<h2 style="text-align:center">제품이 완성되기 전부터
많은 관심을 끈 오큘러스 리프트</h2>

2012년에 크라우드 펀딩에 성공한 이후, 출시 전부터 세계적 으로 화제를 모으고 있는 제품이 있다. 심지어 소니, 한국의 삼성 전자, 대만의 HTC 등 유명 전자 대기업들이 이 제품과 동일한 시 장에 진출하겠다고 이미 발표했다. 바로 가상현실에 특화된 헤드 마운트 디스플레이, 오큘러스 리프트(Oculus Rift)다(2016년 3월 말 에 정식으로 출시되었다).

이는 미국 오큘러스 VR 사가 개발한 제품으로, 머리에 뒤집어 써서 시야를 화면으로 뒤덮음으로써 높은 몰입감을 얻을 수 있는 가상현실 화면이다. 이 제품을 이용하면 실제로 화면 속에 들어간 기분으로 게임 등을 즐길 수 있다.

오큘러스 리프트는 킥스타터에서 목표 금액 25만 달러의 크

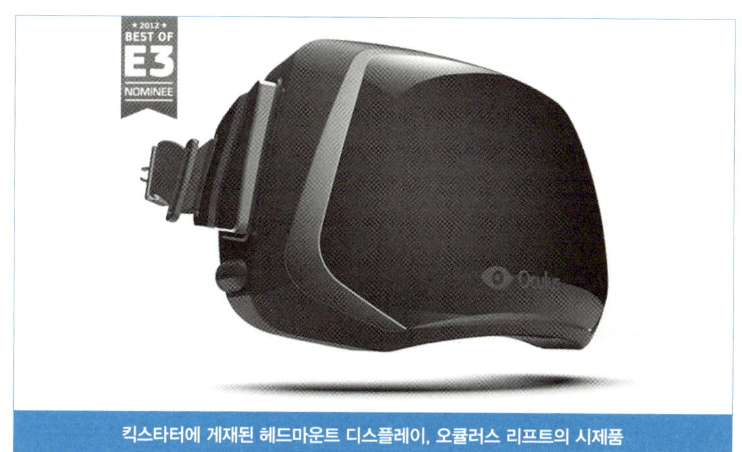

킥스타터에 게재된 헤드마운트 디스플레이, 오큘러스 리프트의 시제품

라우드 펀딩에 도전한 결과 9,522명으로부터 243만 달러를 얻어 목표의 약 10배에 달하는 자금을 조달했다. 창업자인 팔머 럭키(Palmer Luckey)는 오큘러스는 게임 등 가상현실에 몰입할 수 있게 만드는 놀라운 발명품이라고 호소하여 전 세계의 게임 팬으로부터 큰 공감을 얻었다. 크라우드 펀딩으로 자금을 지원한 사람에게는 오큘러스용 소프트웨어를 개발할 수 있는 개발 도구 세트가 발송되었다. 2014년에는 두 번째 개발 도구까지 등장했다.

오큘러스가 앞에 등장한 쿨리스트 쿨러와 다른 점은, 이미 존재하는 아이스박스 같은 물건을 개량한 것이 아니라 전혀 새로운 무언가를 만들었다는 데 있다. 물론 헤드마운트 디스플레이는 옛날부터 존재했지만 그것은 일반적인 사람들의 소유물이 아니었다. 이에 팔머 럭키는, 오큘러스를 저렴하게 만들 수 있는 기술과 생산

방식이 있다는 사실을 사람들에게 널리 알림으로써 미지의 제품에 대한 기대를 확산시키고 많은 자금을 모으는 데 성공했다.

<h2 style="text-align:center">제품이 발매되기 전부터
예측된 시장확대</h2>

또한 세계를 놀라게 한 사건이 있었으니, 세계 최대의 SNS 기업 페이스북이 2014년 3월에 20억 달러를 들여 오큘러스 VR을 사들인 것이다. 이 매수액은 크라우드 펀딩으로 모은 자금보다 자릿수가 세 자리나 높은 거액이다. 그래서 페이스북이 오큘러스를 매수한 이유를 추측하느라 전 세계가 떠들썩해졌다. 또 통신과 매체, 연예·오락과 교육 등 다양한 분야에서는 헤드마운트 디스플레이를 적극적으로 활용할 방법을 검토하기 시작했다. 이리하여, 오큘러스가 발매되기 전부터 헤드마운트 디스플레이의 시장이 크게 확대될 것이라는 의견이 여기저기서 들려왔다. 영국의 투자은행 디지캐피털(Digi-Capital)의 전망에 따르면, 가상현실(VR: Virtual Reality)과 증강현실(AR: Augmented Reality)을 합친 세계시장의 규모는 2016년에 약 50억 달러, 2020년에는 1,500억 달러로 성장할 것이라고 한다.

이 오큘러스의 사례에도 크라우드 펀딩의 특징이 명확히 나타나 있다. 일단 크라우드 펀딩은 인터넷으로 제품에 대한 아이디어를 공개하므로 타사가 그 아이디어를 모방할 수 있다. 실제로 오큘러스가 화제에 오른 후, 헤드마운트 디스플레이를 개발하겠다는 경쟁사의 발표가 뒤를 이었다. 어떤 의미에서는 아이디어가 유출된 것이다.

그러나 다른 관점에서 생각하면, 그만큼 시장이 확대될 전망이므로 오큘러스의 판매 역시 순조로울 것으로 기대할 수 있다. 룸바가 여타 제조사의 로봇 청소기 발매를 촉진하여 가전매장에 새로운 상품 분류를 만들게 한 것을 생각하면, 타사가 뒤따라 시장에 참여함으로써 시장을 활성화하는 효과도 무시할 수 없다. 무조건 아이디어 유출이 불리하다고만 말할 수는 없는 것이다.

크라우드 펀딩의 가장 큰 효과는 가상현실의 '헤드마운트 디스플레이=오큘러스'라는 공식이 사람들에게 각인된 것이다. 서론에서 소개한 《모노즈쿠리 백서》에도 이런 이야기가 나온다.

크라우드 펀딩을 통해 상품을 개발·생산하고, 글로벌하게 판매하며, SNS 등을 통해 판매 사업자를 취득하거나 전자상거래 사이트에서 전 세계 동시 판매를 개시하는 등의 일이 가능해졌다.

(《2015년판 모노즈쿠리 백서》, 135쪽)

한정된 자원을 가진 벤처 기업이 자사의 제품을 세계에 알리고 판매하기 위해서는, 시제품과 양산품을 홍보하는 것이 매우 중요하다. 특히 시제품 단계에서의 홍보의 중요성을 이해하고, 세간의 주목을 끌거나 매체에 제품을 적극적으로 노출시킬 방법을 찾아야 한다.

(같은 책, 136쪽)

그야말로 스타트업인 오큘러스로서는, 위와 같이 크라우드 펀딩을 통해 지명도를 올리는 과정이 반드시 필요하다. 이것은 아이디어 유출의 단점을 만회하고도 남을 만한 장점이다.

특히 헤드마운트 디스플레이에서는 소프트웨어의 개발이 또 하나의 생태계를 형성할 정도로 크고 중요한 요소다. 따라서 누구나 즐기고 싶어 하는 게임 등의 소프트웨어를 알차게 갖추어 오큘러스의 판매를 촉진하기 위해, 소프트웨어 개발자를 적극적으로 영입해야 한다. 처음부터 사용자를 개발에 참여시키는 크라우드 펀딩은 그런 점에서도 매우 유리하다. 오큘러스의 크라우드 펀딩에 지원한 사람들은 이미 하나의 개발자 커뮤니티를 형성하고 있다. 소프트웨어를 개발할 사람이 벌써 다수 확보된 셈이다.

오큘러스는 제품이 발매되기 전부터 개발 경쟁이 시작된 드문 사례지만 제조업과 크라우드 펀딩의 관계를 살펴보는 데에는 좋은 참고가 될 것이다.

물건 판매가 주도한
메이커스의 진화

지금까지 '크라우드 펀딩 · 비언어 · 세계적 틈새시장'이라는 키워드를 통해 물건의 판매에 관하여 설명했다. 제조업을 논하면서 이처럼 물건의 판매가 이루어지는 상황을 먼저 설명한 데에는 이유가 있다.

메이커스와 3D 프린터를 생각하다 보면 화제가 대개 제조 쪽으로 치우치기 쉽다. 금세 "제조공정이 어떻게 달라졌는가", "3D 프린터로 무엇을 만들 수 있는가" 하는 이야기가 시작되는 것이다. 그런 물건 제조, 즉 모노즈쿠리의 환경 변화에 관해서는 제2장에서 자세히 설명하겠지만 어쨌든 나는 메이커스의 현장에 있는 사람으로서, 오히려 판매의 변화가 제조업을 진화시키고 있다고 생각한다.

하지만 나 역시 처음에는 3D 프린터의 기술이 진화하여 제조 환경이 변했기 때문에 제조업이 발전한다고 믿었다.

2012년에 처음으로, DMM.com의 가메야마 회장에게 내가 구상하는 OUTPUT 사업(이후 .make 사업)의 기획안을 제시했다. 그 계기를 제공했던 사람이 바로 세레보의 이와사 대표다. 내가 잘난 척을 하며 "3D 프린터는 대단히 유용할 것 같군요"라고 말했더니 이와사가 "오가사하라 씨, 무슨 말씀입니까? 이제 3D 프린터로 티

탄도 성형할 수 있어요"라고 답했던 것이다. 나는 깜짝 놀라 곧바로 3D 프린터에 대한 조사에 들어가 국내의 3D 프린터 관련 사업자들을 찾아다니기 시작했다.

2012년 9월 28일에 작성된 당시의 프레젠테이션 자료를 보면, 제목이 '3D 프린터를 축으로 한 서비스 OUTPUT 사업계획서'로 되어 있다. 제목에 OUTPUT이 들어가 있는 것만 보아도 내가 당시 무슨 생각을 했는지 적나라하게 알 수 있다. 자료에는 나중에 DMM.make AKIBA가 된 공용 공장에 대한 기획도 포함되어 있다. 그 부분을 보면 "전자기기, 가전제품, 컴퓨터 등의 제조에 필요한 3D 프린터와 기판 조립장치 등의 기자재를 회원제로 이용할 수 있는 공용 공장을 설립한다"고 거창하게 쓰여 있는데 가칭은 역시나 'OUTPUT Factory'다. 내가 당시 얼마나 결과물에 집착했는지 잘 알 수 있다. 당시 나는 새로운 메이커스의 핵심이 3D 프린터를 이용한 아웃풋에 있다고 생각했던 것이다.

크라우드 펀딩으로 조달 금액의 10배 이상의 시장을 확보하다

프레젠테이션을 한 지 정확히 1개월 후인 2012년 10월에 크리스 앤더슨의 《메이커스》가 발간되자 언론은 일제히 제조업의 신조류에 주목하기 시작했다. 이처럼 3D 프린터가 선풍을 일으킨 시기에 프레젠테이션을 했던 덕분인지, 나는 DMM.make의 총괄 프로듀서를 맡게 되었다.

취임 이후에는 당초 계획대로 새로운 서비스를 차례차례 개시했다. 우선 2013년 7월에 창작자의 모노즈쿠리를 지원하는 3D 프린트 서비스인 'DMM 3D 프린트'를 개시했다. 이는 사용자가 3D 모델의 데이터를 인터넷에 직접 업로드하면 DMM 3D 프린트가 결과물을 고성능 3D 프린터로 출력하여 배달해주는 모노즈쿠리 지원 서비스다. 제2장에서 이와 유사한 셰이프웨이즈(Shapeways)라는 온라인 업체를 소개할 텐데 그것을 참고하여 만든 서비스다. 또 2013년 10월에는 창작자가 3D 데이터를 출력하여 만든 조형물을 판매하는 온라인 시장인 '크리에이터스 마켓'을 개시했다. 그리고 2014년 11월에 드디어 공용 공장인 'DMM.make AKIBA'가 설립되었다. 당초 계획대로 하나하나 실행해나간 셈인데 돌아보니 역시나 '3D 프린터로 새로운 물건을 만든다'는 낙관적인 희망이 나를 여기까지 오게 했다는 생각에 감회가 새롭다.

그런데 나는 언젠가부터 크라우드 펀딩과 제조업이 서로 잘 맞는다는 사실을 깨닫게 되었고, 차차 새로운 모노즈쿠리의 조류가 3D 프린터에만 국한되지 않는다고 생각하기 시작했다. 비언어로 전달되는 물건이야말로 세계적 틈새라는 완전히 새로운 시장을

포브 사의 포브. 시선만으로 게임을 조작할 수 있다.

개척할 주체임을 깨달은 것이다. DMM.make AKIBA에 입주한 수많은 신흥 메이커스의 활약을 직접 보면서 그 믿음은 더욱 강해졌다.

세계 최초로 시선 추적 기능을 탑재한 헤드마운트 디스플레이를 개발하는 포브(FOVE)도 그중 하나다. 이들 역시 킥스타터에서 실시한 크라우드 펀딩으로 불과 3일 만에 목표 금액 25만 달러를 조달하는 데 성공했다. 앞에서 소개한 미국의 오큘러스라는, 똑같은 크라우드 펀딩 출신의 강자가 있었던 덕분일 것이다. 정말로 대단한 일이다. 포브가 개발하는 헤드마운트 디스플레이는 내부의 카메라가 사용자의 안구운동을 감지하여 시선만으로 게임 등을 조작할 수 있다는 것이 특징이다. 이 시선 추적 기능 덕분에 헤드마운트 디스플레이가 단순한 화면이 아닌 컨트롤러가 된 점이 재미있다는 의견이 나오는 등, 전 세계 사용자의 구매 욕구가 속속 전해지고 있다.

크라우드 펀딩에 관한 내 경험 법칙에 따르면, 펀딩에 성공한 프로젝트는 조달 금액의 10배에서 20배에 달하는 시장을 이미 확보한 것과 마찬가지다(어디까지나 개인적인 지론이지만). 따라서 최종적으로 48만 달러의 자금을 조달한 포브는 약 10억 엔 규모의 초기 시장을 이미 확보한 셈이다. 또 그 시장은 예전의 로봇 청소기 시장처럼 향후 크게 확대될 가능성이 크다. 이래서 만드는 것이 재미있다.

단 2개월 만에 4K 디스플레이 등 24개 품목을 제품화한 기업

2015년 8월, DMM.make는 또 하나의 서비스를 개시했다. DMM.make STORE(디엠엠닷메이크 스토어), 즉 메이커들이 만든 물건을 파는 시장이다. 우리는 미국뿐만 아니라 유럽과 아시아에도 물류 및 재고 관리 시스템과 상품 배달 시스템을 갖추어, 이 사이트에서 해외 판매를 동시에 개시할 수 있도록 했다.

이와 같은 시기에 DMM.make AKIBA에 입주한 하드웨어 스타트업인 업큐(UPQ)도 자사 제품 여럿을 출시했다. 놀랍게도, 2015년 6월에 창업한 뒤 불과 2개월이 흐른 8월에 제품 발표회를 개최하고 안드로이드 스마트폰, 4K 디스플레이 등 도합 17종 24개 품목의 판매를 개시한 것이다. 이들이 이런 엄청난 속도로 제품을 출시할 수 있었던 이유는 무엇일까?

업큐는 해외 제조공장과 직접 제조 위탁 계약을 맺고 정확히 필요한 수량만을 만들어 스토어에 납품한다. 재고를 보유하지 않는 주문생산, 소위 BTO(Build to Order)에 가까운 형태다. 예전에 카시오에서 상품 기획을 하다가 업큐를 창업한 나카자와 유코[中

업큐가 출시한 다양한 제품의 예

澤優子]는 "기획에서 개발, 제조, 판매까지 완결할 수 있었기 때문에 이 속도가 가능했다"고 말한다. 그야말로 전통적 모노즈쿠리 기업과는 전혀 다른 구조다.

또 나카자와는 "이 모든 것이 제품화와 판매의 모범을 보여준 세레보 덕분이다"라고 말한다. 위탁처인 해외 공장의 품질 관리, 정확한 생산 기간의 산정, 법적 대응 방법, 물류 대책, 사용자 지원 대책 등을 이와사를 비롯한 세레보 직원들에게서 배웠다는 것이다. 그야말로 공용 공장인 DMM.make AKIBA의 존재 의의를 새삼 되새기게 하는 말이다. 서론에 멘토라는 말이 잠깐 나왔는데 메이커스를 한데 모은 AKIBA와 같은 장(場)은 이처럼 매뉴얼화되지 않은 경험지와 암묵지의 공유를 촉진하며 메이커의 제품 개발을 가속하는 멘토 같은 존재다.

장의 역할은 여기에 그치지 않는다. 가령 전자제품의 규격은 나라마다 제각각이라서 제아무리 효율적인 전략으로 세계적 틈새시장을 공략한다 해도 전 세계에 물건을 팔기란 그리 쉽지 않다. 일본에는 총무성에서 주는 기술 기준 적합인증(Technical regulations Conformity Certification, 적합마크)이 있듯, 미국에는 FCC(Federal Communications Commission, 연방 통신위원회)의 심사가 있다. 각국의 이런 시험을 통과하려면 역시 노하우가 필요한데 DMM.make AKIBA가 그 노하우를 공유하는 기반을 제공하는 것이다.

판매가 먼저인가
제조가 먼저인가

지금까지 메이커스가 만든 제품 판매 환경의 변화에 관해, 되도록 구체적인 예를 들어가며 설명했다. 아직 출시되지도 않은 제품을 메이커스의 대표 사례로 소개하기도 했는데 이야말로 펀딩이 성립된 후 제품으로 출하되기까지 시간차가 있는 크라우드 펀딩의 특징을 대변한다.

여기까지 읽은 독자 중에는 '회사를 설립한 지 2개월 만에 어떻게 안드로이드 스마트폰을 만들 수 있는가?' 하는 당연한 의문을 품는 사람도 있을 것이다. 제2장에서는 그것에 대해 상세히 설명할 예정이다.

누군가 내게 판매와 제조 중 무엇이 먼저냐고 묻는다면, 두 가지가 동시 병행으로 이루진다고 대답할 수밖에 없다. 그래도 내가 군이 판매 이야기를 먼저 한 것은 요즘 메이커스와 3D 프린터를 둘러싼 '제조=대단함'이라는 분위기를 조금 바꿔보고 싶어서다. 만들어졌기에 대단한 것이 아니라 팔리기 때문에 만드는 것이라고 말하고 싶었다. 그러나 이것은 닭이 먼저냐, 달걀이 먼저냐를 따지는 것과 같다. 판매에 무게를 둔 것은 어디까지나 필자의 개인적 의견임을 알아주기 바란다. 그러나 이런 개인적 의견이 뜻밖의 발견을 낳기도 한다. 가령 크라우드 펀딩과 3D 프린터의 기능을 묶어서 생각하다 보면, 제조라는 행위에서 전혀 새로운 가치를 찾아낼 수 있을지도 모른다.

이어지는 제2장에서는 메이커스의 물건 제조에 관해 자세히 알아보자.

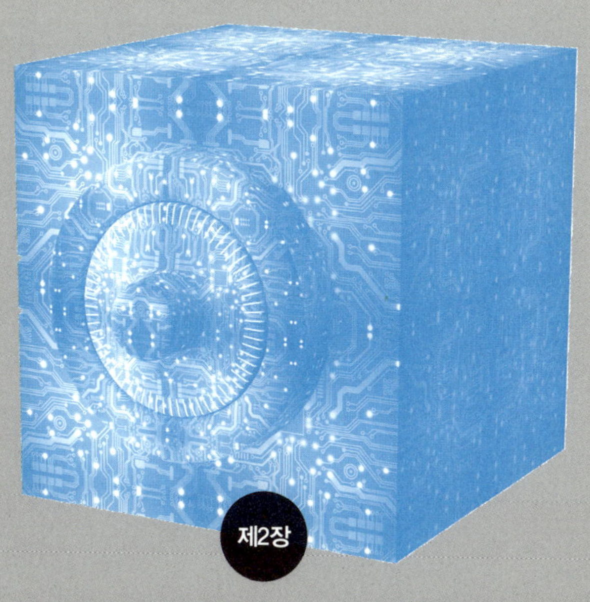

물건 제조의 진화

– 모듈화 · 셋업 · 3D 프린터

새로운 방식으로 물건을 만드는 메이커스가 대두된 배경에는 신기술이 모듈화됨으로써 전자부품이 저렴하게 유통되기 시작한 흐름이 있었다. 즉 물건 제조의 환경이 정비된 것이다. 나는 이런 다양한 모듈 부품을 조합하여 하나의 제품으로 만들고 새로운 가치를 창출하는 일련의 활동을 셋업(setup)이라 부른다. 물론 새로운 기술을 개발하는 것도 중요하지만 기존의 기술을 조합하여 부가가치를 부여하는 일이 그 어느 때보다도 중요한 시대다.

가전제품은 무엇으로 이루어지는가

여러분은 가전제품이 무엇으로 이루어지는지 아는가? 제품을 분해할 기회가 자주 있는 것은 아니니 아는 사람이 별로 없을지도 모르겠다.

기본적으로 현대의 가전제품은 다음의 여섯 가지 요소로 이루어진다.

- 프린트 기판
- 전자부품
- 내장 소프트웨어
- 외장 부품
- 설명서 / 부속품
- 상자

프린트 기판은 전기제품의 심장이라 불릴 만큼 중요한 요소다.

PCB(Printed Circuit Board)로도 불리는 프린트 기판은 전자부품을 고정하여 배선하기 위한 널빤지 모양의 부품으로, 전기제품의 심장부라고도 불릴 만큼 중요한 요소다. 여기에 전자부품을 조합하여 시스템을 작동시키기 위한 내장 소프트웨어가 추가된다. 또 일정한 형태로 디자인해야 제품으로 완성되므로 외장 부품이 추가된다. 그리고 사용법이 나와 있는 설명서와 AC 어댑터 등 부속품이 추가되고, 마지막으로 포장을 위한 상자 등이 추가된다. '그게 끝이야?'라고 생각할지 모르지만 가전을 구성하는 요소는 기본적으로는 이 여섯 가지로, 생각보다 적다.

만약 스마트워치를 만든다면

그뿐만 아니라 전자제품 등을 만드는 각종 제조 공정은 예전에 비해 현저히 간소화되고 있다. 예를 들어 유행하는 스마트워치를 만든다고 하자.

옛날이라면 다음과 같은 공정을 거쳐야 제품화가 가능했다.

1. 무선 전송 방식을 검토한다.

2. 무선 전송 시스템의 시제품을 만든다.

3. 경우에 따라서는 전용 IC(Integrated Circuit: 집적회로)를 처음부터 설계한다.

4. 안테나를 설계한다.

5. 무선 전송 부분의 소프트웨어를 만든다.

6. 전파 관련 규제에 대비하여 각종 테스트를 실시한다.

7. 6을 출하 국가별로 여러 차례 시행한다.

8. 마이컴 기판을 디자인한다.

9. 본체에 내장할 시스템 소프트웨어 프로그램을 만든다.

10. 연결할 스마트폰 애플리케이션 프로그램을 만든다(스마트폰이 없던 시절에는 반드시 수신기를 개발해야 했다).

하지만 지금은 공정이 이렇게 간소화되었다.

1. 블루투스 모듈(module)을 구입한다.

2. SoC 기판을 디자인한다.

3. SoC 벤더[01]가 제공한 공개 소프트웨어를 참고하여 소프트웨어

프로그램을 만든다(아무것도 없는 상태에서 개발하는 것이 아니므로

속도가 빠르다).

4. 연결할 스마트폰 애플리케이션 프로그램을 만든다.

다시 말해 예전의 1~7번 공정이 '블루투스 모듈을 구입한다'
하나로 끝나게 된 것이다.

블루투스는 디지털 기기용 근거리 무선 통신 장치다. PC나 스
마트폰에 주로 적용되므로 아는 사람도 많을 텐데 선 없이 기기와
기기를 접속시켜 음성이나 데이터를 전송할 수 있어 편리하다. 여
러분도 무선 이어폰 등의 기기를 블루투스로 접속시키는 경우가
많을 것이다.

이처럼 물건의 제조 공정이 지금처럼 간소화된 데에는 두 가지
이유가 있다. 첫째는 모듈의 발달, 둘째는 거기에 탑재된 범용 IC,

01 일반적으로 판매인 또는 판매업자를 가리키는데 특히 컴퓨터 시스템의 하드웨
어나 소프트웨어 제품을 사용자에게 판매하였을 때 그 제품의 브랜드에 대해 책
임을 지는 기업을 가리키는 말. 제조업체일 수도 있고 판매 회사일 수도 있다.

즉 SoC(System on Chip: 기기에 필요한 기능을 하나의 반도체 칩에 집적하는 방식)의 탄생이다.

예전에는 앞에서 예로 든 것처럼 무선 전송 시스템과 전용 제어 IC를 처음부터 개발했는데 거기에만 2년 이상의 시간과 몇 억 엔 규모의 자금이 투입되는 경우도 많았다.

그래서 등장한 업체가 가전제품의 두뇌 부분인 IC를 만드는 칩셋 벤더다. 제조사마다 각각 독자적인 IC를 개발하면 수익을 내기가 쉽지 않다. 그래서 벤더는 IC 제조와 판매에 관해 다음과 같은 전략을 세웠다. 모든 가전 회사, 그리고 자동차 회사 등이 공통으로 쓸 수 있는 통신 방식과 표시 방식을 만들어 일단 확산시킨다. 그리고 그 공통의 방식을 지원하는 범용 IC를 만들면 상호 경쟁 관계에 있는 전 세계의 제조사가 그것을 구매할 것이다.

이리하여 범용 IC가 탄생했다. 그 결과 많은 가전, 자동차, PC 주변 기기 제조사 등이 이 공통 방식을 채택하여 칩셋 벤더의 범용 IC를 쓰기 시작했다. 이 범용 IC가 바로 SoC다.

앞에 등장한 블루투스는 일종의 공통 통신 규격인데 그것을 지원하는 스마트폰용 SoC 역시, 쓸 만한 것만 따지면 세계에 몇 종류밖에 되지 않는다. 그래서 스마트폰 제조사가 100개가 넘는데도 각사가 만드는 제품이 모두 비슷한 것이다.

이처럼, 모든 기업이 동일한 SoC를 쓴다면 그것에 대응하는 부품을 개발하는 일만 남는다. 더 나아가, 전 세계 제조사가 똑같은

SoC를 쓴다면 그 SoC의 입출력 방식에 딱 들어맞는 부품을 기성품으로 구입하여 쓰는 것이 편리할 것이다. 이리하여 모듈이 탄생했다. SoC가 보급되자 모듈을 제조하는 모듈 벤더가 등장했고, 전 세계에 비슷한 회사가 우후죽순처럼 생겨났다.

그 결과, SoC와 그 표시·통신 방식에 대응하는 모듈을 구매한 뒤 그것들을 조합하기만 하면 제품을 만들 수 있게 되었다. 몇 년 전만 해도 터무니없다고 여겨졌던 인적·재정적 자원으로도 오리지널 가전제품을 단시간에 개발하는 세상이 열린 것이다.

모듈이란 무엇인가

모듈이란 무엇인지 조금 더 쉽게 설명해보자.
《디지털 대사전》에서 찾아보면 그 뜻은 다음과 같다.

1. 척도, 측정 기준, 규범

(중략)

3. 가전기기와 컴퓨터 장치 등의 구성 요소의 단위. 완성된 독립적 기능을 갖고, 교환과 탈착이 가능하므로 더 큰 시스템을 구성하는 요소로 쓰인다.

사전적 의미를 보아도 여전히 이해하지 못하는 사람을 위해 좀 더 구체적으로 설명해보자. 모듈은 PC 시스템에 비유할 수 있다. 무언가를 종이에 인쇄하려면 프린터가 필요한데 PC와 프린터를 연결하는 통신 방식은 정해져 있다(인터페이스가 규격화되어 있다). 그러므로 프린터가 바뀌어도 PC와 프린터는 상호 영향을 미치지 않고 독립적으로 성능을 향상시킬 수 있다.

이 PC 시스템의 구성 요소인 프린터를 하나의 모듈이라고 생각하면 된다. 따라서 모듈화는 각각의 부분을 하나의 시스템으로 묶는다는 의미에서 유닛화, 세트화로 바꿔 부를 수 있다. 영상을 비추는 프로젝터도 마찬가지다. 프로젝터 역시 통신 방식이 정해져 있으므로 하나의 모듈로서 자유롭게 떼었다 붙였다 하면서 PC 시스템의 일부로 활용할 수 있다.

더 쉽게 말하자면 모듈 시스템이란 블록 완구처럼 부품을 자유자재로 교체하는 구조를 말한다. 모듈이 탄생한 덕분에 하나의 전자기기를 블록 작품처럼 조립할 수 있게 되었다.

그러나 모듈은 어디까지나 완제품이 아닌 부품이다. 예로 든 것일 뿐, PC나 블록은 모듈이 아닌 완제품이니 혼동하지 말자.

TV의 모듈화

다양한 제품에서 이런 모듈화의 사례를 찾아볼 수 있다. TV와 카메라는 최근 모듈화가 급속도로 진전되어 국제적인 경쟁이 격심해진 분야다.

미국의 액정 TV 제조사 중 비지오(VIZIO)라는 스타트업이 있다. 2005년에 설립된 이 회사는 창업한 지 얼마 되지 않은 2007년에 이미 북미 시장에서 한국의 대형 가전회사 삼성전자를 추월하고 출하점유율 1위의 자리를 차지했다. 그런데 당시 매출은 20억 달러였지만 사원수는 겨우 90명이었다. 어떻게 이런 일이 가능했을까?

사람들은 그 이유로 공장 등의 제조 라인이 없고 반도체 설계만 하는 팹리스(fabless) 구조를 꼽는다.

비지오는 제조사임에도 불구하고 부품 조달과 조립 등의 제조 공정을 대만과 중국 기업에 위탁한다. 그만큼 상품 제조 공정의 상류인 상품 기획과 하류인 판매에만 특화된 회사다.

반면 일본에서는 제조사들이 자사 공장을 해외로 이전하는 것을 '모노즈쿠리 공동화'라고 부르며 걱정하는 사람이 많았던 때가 있었다. 하지만 비지오 같은 팹리스 회사에게 공장이란, 원래부터 보유하는 것이 아니라 선택하는 것이었다. 이들에게는 공동화라는 개념조차 없다. 모노즈쿠리가 공동화하여 일본의 장점이 사라졌다는 의견은 팹리스 메이커가 등장한 순간부터 그 설득력을 상당히 잃은 셈이다.

이와 같은 팹리스 구조를 가능케 한 것이 바로 모듈화다. 가령 일반적인 액정 TV는 다음의 세 가지 모듈로 이루어진다.

- 영상 신호를 수신하는 튜너 모듈
- 영상 신호를 화상 신호로 변환하는 모듈
- 변환한 신호를 영상으로 표시하는 액정 패널 모듈

이 중 튜너와 액정 패널은 국제적인 표준화가 상당히 진전된 상태다. 또 화질을 결정하는 화상 처리 회로도 범용 제품이 거의 일반화되어 있으므로 기존의 모듈만으로도 어느 정도의 화질을 충분히 실현할 수 있다. 즉 액정 TV의 가격 경쟁이 격심해지는 와중에 굳이 많은 비용을 들여 새로운 제품을 개발할 필요가 없어진 것이다. 요즘 보기 드문 조합이기는 하지만 제1장에서 등장한 업큐 사의 4K 디스플레이 역시, TV 업계에서 일반적으로 쓰는 화상 처리 모듈과 4K 액정 패널 모듈로 이루어진다.

누구나 가전제품을 만들 수 있다

간단히 말해 이 세 가지 모듈을 사서 조립하기만 하면 TV를 만들 수 있다. 그 외에는 외장 부품, 즉 디자인적 요소만 추가하면 된다. 비지오는 액정 TV의 디자인을 좌우하는 스피커와 버튼에 고급 소재를 쓰면서도 가격을 낮게 책정한 덕분에 큰 성공을 거두었다고 한다.

앞에서 말한 가전제품의 구성 요소를 떠올려보면, 추가로 설명서와 리모컨 등 부속품과 그것을 포장할 상자만 있으면 제품을 출하할 수 있다는 이야기다. 그래서 비지오처럼 아주 작은 회사라도 TV를 생산할 수 있었던 것이다.

한편 모듈화에 따른 제조 공정의 극적인 변화는 샤프, 파나소닉, 소니 등 일본 가전 대기업의 경쟁력을 상당히 약화시켰다. 디지털카메라, 특히 DSLR에 관해서는 일본 기업이 시장 점유율을 아직 어느 정도 유지하고 있다. 그러나 콤팩트 디지털카메라 분야에서는 모듈화가 상당히 진전된 탓에 일본 카메라 기업의 성적이 하나같이 신통치 않다.

예상대로 디지털카메라도 다음과 같은 모듈로 이루어진다.

- 렌즈 모듈

- CCD(Charge-Coupled Device: 화상을 전기신호로 바꾸는 반도체 소자) 모듈

- 화상 처리 엔진(SoC)

- 액정 모듈

- 메모리(기록) 카드

이처럼 어떤 모듈과 SoC를 조합해야 하는지만 알면 기본적인 기능을 갖춘 가전제품을 만들 수 있다. 남은 문제라고는 외장 디자인뿐이다.

애플 역시 자사 공장이 없는 팹리스 기업으로 유명하다. 그러고 보니 일전에 애플의 아이폰을 제조하는 대만의 홍해정밀공업(鴻海精密工業, 혼하이)의 중국 자회사 폭스콘(Foxconn)을 시찰했던 때가 생각난다.

흥미롭게도 이 공장 안에는 전등이 거의 없었다. 여기서 아이폰을 제조했는지는 정확히 듣지 못했지만 로봇의 도입으로 공정이 거의 자동화되었기 때문에 관리를 위해 사람의 손이 필요할 때 말고는 빛이 필요 없다는 설명을 들었다. 폭스콘에서는 소위 장인의 솜씨가 아니라 로봇의 노동에 의한 모듈 조립이 이루어지고 있다는 사실을 새삼 확인했다(물론 이 조립 작업에도 고도의 노하우가 필요함을 잊지 말아야겠지만).

왜 자동차의 제조 공정은
간소화되지 않았는가

그런데 가전제품을 이처럼 간단히 만들 수 있게 되었는데도 자동차 스타트업은 좀처럼 등장하지 않고 있다. 그 이유는 무엇일까? 자동차 업계에서는 토요타와 폭스바겐 등 소수의 자동차 대기업이 아직 압도적인 판매량을 자랑하고 있다.

여기에는 제품이 모듈형이냐 아니냐 하는 근본적인 차이가 있다. 앞에서 설명했다시피 TV, 카메라, PC 등 디지털 가전제품은 기본적으로 전부 모듈형이다. 그러나 자동차는 다르다.

예를 들어 자동차의 핵심 경쟁 요소인 주행 안정성과 승차감, 그리고 안전성과 연비 등 각각의 요소는 하나의 부품만으로 성립되지 않는다. 자동차는 엔진, 변속장치, 충격 흡수장치, 구동장치, 바퀴, 좌석, 몸체 등 셀 수 없이 많은 부품으로 만들어지며, 또 이 부품들은 서로 영향을 주고받는다.

가령 엔진을 바꾸면 변속장치와 충격 흡수장치도 바꾸어야 한다. 그렇지 않으면 이전과 같은 주행 안전성과 승차감을 유지할 수 없다. 그래서 설계상 많은 조정이 필요하며, 제조 역시 상호 긴밀한 연계가 필요하므로 생산을 간단히 위탁하지 못한다. 상품을 기획하여 설계도를 건네고 이것을 만들어 달라고 해서는 원하는 기능을 얻을 수 없기 때문이다.

이런 제품은 모듈형(조합형)의 반대 개념으로, 인테그럴형(통합형: integral)이라 불린다. 제조사의 글로벌 경쟁이 격심해지는 가운데 자동차 업계가 아직 건투 중인 데에는 이런 제조 환경의 차이가 있다.

그러나 자동차도 동력이 가솔린에서 전기로 바뀌면 제조 방식이 확 바뀔 것으로 보인다. 전기자동차의 구조는 가솔린차에 비해 매우 단순하기 때문이다. 자세한 설명은 생략하고 아주 간단히 말해 전기자동차는 모터, 전지, 제어 장치만 있으면 되고, 필요 부품 수도 가솔린차의 3분의 2에서 절반 정도에 불과하다고 한다. 전기자동차가 대중화되면 자동차도 모듈형 제품에 가까워질 것이다.

그래서 전기자동차 스타트업은 벌써 생겨나기 시작했다. 그중 가장 유명한 회사는 미국 실리콘밸리에 있는 테슬라 모터스(Tesla Motors)다. 이 회사는 미국의 유명 투자가인 엘론 머스크(Elon Musk)가 2003년에 설립한 전기자동차 회사로, 2010년에는 토요타 자동차와 전기자동차를 공동 개발한다고 발표하여 화제가 되기도 했다(공동 프로젝트는 2014년에 종료되었다). 자동차의 동력이 가솔린에서 전기로 전환되는 과정에서, 자동차산업에도 스타트업이 다양하게 등장하여 새로운 메이커스 생태계를 진화시킬 가능성이 매우 높다.

아키하바라의 터줏대감
아키즈키 전자에서 모듈화를 보다

그러면 요즘은 어떤 모듈이 많이 유통되고 있을까? 전자부품과 전자 공작 세트를 개발, 판매하는 아키하바라의 터줏대감, 아키즈키 전자통상의 온라인 숍을 살펴보았다(101쪽 사진 참조).

우선 적외선 리모컨 수신 모듈이 눈에 띈다(상단 첫 번째, 두 번째 부품 이미지). 한 개에 수십 엔에서 100엔 정도의 가격으로 팔리는 이 부품은, 일반적인 TV 등에서 리모컨의 적외선을 수신하는 모듈로 쓰인다. 10밀리미터가 조금 넘는 작은 부품에 그런 기능이 집약되어 있는 것이다.

상단 맨 우측의 USB 시리얼 변환 모듈은 PC 등의 USB 포트로 데이터를 순차 전송하기 위한 시리얼 통신(UART: Universal Asynchronous Receiver Transmitter) 등에 쓰이는 변환 기판이다. 이것은 몇백 엔에서 천 엔 정도에 판매된다.

문자 등을 표시하는 화면도 모듈화되어 있다. LCD 문자 표시 모듈은 계산기의 숫자판처럼 문자와 숫자를 흑백으로 표시하는 모듈이다. LCD는 Liquid Crystal Display의 약자로, 액정을 이용한 표시장치를 가리킨다. 이것도 작은 것이 수백 엔 정도에 팔리고 있다. 이 흑백 액정 화면에 온도계를 장착하여 온도를 표시하게 만

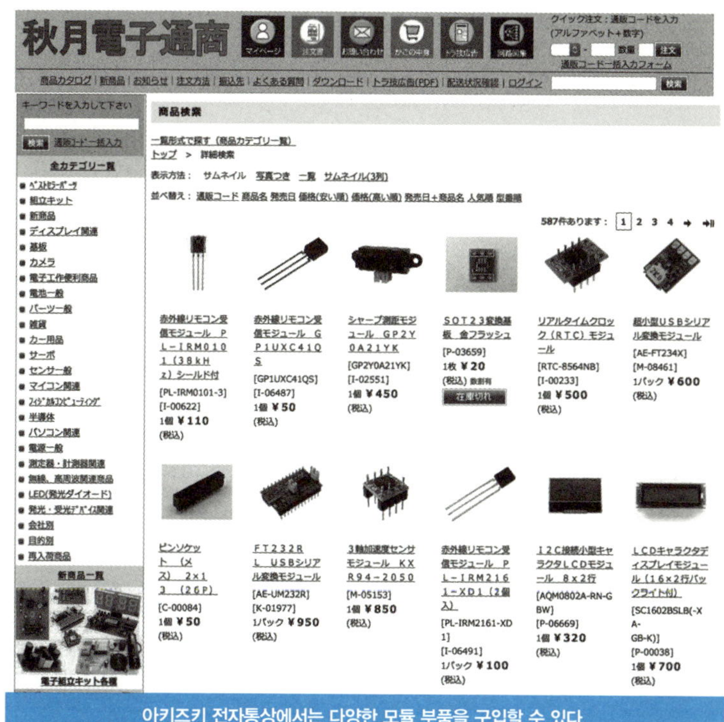

든 모듈도 있다.

무선으로 전파를 수신하는 와이파이 모듈도 있고, 태양 전지판, 전지 등 전원, 온습도·기압 센서, 옥외·실내 안테나, 스테레오 증폭기, LED 전구, 위치 정보를 수신하는 GPS, OLED[02], TFT(박막

02 Organic Light Emitting Diode(유기 발광 다이오드): 형광성 유기화합물을 전기적으로 전환시켜 빛을 내는 화면

트랜지스터)[03], 고해상도 디지털카메라도 모조리 모듈로 판매되고 있다. 여러분이 쓰는 가전제품과 전자제품의 기능 대부분이 이미 모듈화된 것이다.

알리바바 닷컴에서
전자부품을 조달하다

또한 인터넷을 통한 전자부품 조달 방식도 진화하고 있다. 물론 부품을 대량으로 구입한다면 어디서든 판매처와의 교섭이 수월할 것이다.

그러나 중국의 기업용 전자상거래 사이트 알리바바 닷컴(Alibaba.com)은 다르다. 여기서 나에게 필요한 모듈을 판매하는 업체를 몇 군데 발견했다면, 필요 수량과 인도 시기 등의 조건을 통일하여 비교 견적을 의뢰할 수 있다. 가령 일반적으로는 1만 개를 주문했을 때 개당 100엔에 거래되는 품목이 있다고 해보자. 그러나 알리바바 닷컴에서 같은 품목의 견적을 받아본다면, 수량이

03 Thin Film Transistor: 기판 위에 진공증착 등의 방법으로 형성된 박막을 이용하여 만들어진 반도체 증폭관이다. 스마트폰이나 태블릿의 화면으로 주로 쓰인다.

세레보의 활동 계측 모듈 블루 닌자. 스마트워치에 활용하고 있다.

100개밖에 되지 않아도 개당 150엔 정도의 가격으로 거래가 가능함을 알 수 있다.

또한 알리바바 닷컴에서는 실시간 차트를 보며 교섭을 진행할 수 있다. 중국의 전자상거래 사이트에서는 이처럼 방문한 즉시 메시지를 주고받고 차트를 비교해가며 가격 교섭을 하는 것이 일반적이다. 다른 나라의 온라인 시장과는 조금 다른 문화인데, 즉시 결정을 하고 싶을 때 무척 편리할 것이다.

한편 스타트업이 편리한 모듈을 자체적으로 제작하는 경우도 있다. 이미 여러 번 등장한 DMM.make AKIBA의 세레보도 그중 하나다. 이들은 사용자의 이동 거리나 신체 활동 전반을 측정하여 데이터로 기록하는 활동 계측 모듈 블루 닌자(Blue Ninja)를 개발하여 스마트워치 등 웨어러블 기기에 활용하고 있다.

이 모듈에는 속도와 가속도(자이로) 등을 측정하는 9축 센서와 기압 센서, 또 블루투스를 통해 스마트폰과 데이터 송수신을 하는 등의 기능이 포함되어 있다. 또 여기에는 도시바의 SoC가 사용된다. 이 경우에는 도시바가 칩셋 벤더, 세레보가 모듈 벤더인 셈이다.

제품에 가치를 부여하는 셋업

새로운 방식으로 물건을 만드는 메이커스가 대두된 배경에는, 이런 신기술이 모듈화됨으로써 전자부품이 저렴하게 유통되기 시작한 흐름이 있었다. 즉 물건 제조의 환경이 정비된 것이다.

나는 이런 다양한 모듈 부품을 조합하여 하나의 제품으로 만들고 새로운 가치를 창출하는 일련의 활동을 셋업(setup)이라 부른다. 물론 새로운 기술을 개발하는 것도 중요하지만 기존의 기술을 조합하여 부가가치를 부여하는 일이 그 어느 때보다도 중요한 시대다.

제일 먼저 떠오르는 예는 애플의 스마트폰, 아이폰이다. 아이폰은 전에 없던 새로운 개념의 제품이기는 하지만 애플이 독자적으로 개발한 기술로 만든 제품은 아니다. 이처럼 애플이 새로운 기술이 아닌 오래된 기술을 교묘하게 조합하여 아이폰을 만들었다는 것은 누구나 아는 이야기다. 애플은 다양한 기술을 조합하여 스마트폰이라는 새로운 제품 분류를 만들어냈다.

그 아이폰 속에 뛰어난 기술력이 집적된 일본 기업의 부품이 다양하게 쓰였다는 사실도 잘 알려져 있다. 일본의 기술력으로 제작된 부품이 아이폰의 절반 이상을 차지한다고 말해질 정도다. 그러나 최근 들어서는 대기업의 지식과 기술이 직접적인 이익을 낳지 못하는 경향이 두드러진다. 어떤 분야든 마찬가지다. 모처럼 이룩한 기초 연구의 업적도 제품 개발에 유기적으로 활용되지 못하고 있다.

요즘 소비자는 그 제품에 얼마나 새로운 기술이 쓰였는가가 아니라 그 제품으로 생활이 얼마나 편리하고 재미있어지는가, 즉 제품 기획을 보고 구매를 결정한다. 그 기획이 바로 셋업이다. 셋업이란 어떤 모듈을 조합하여 어떤 기능을 구현하고 어떤 외장 부품을 써서 제품을 얼마나 멋지게 디자인하느냐를 결정하는 일을 말한다.

셋업에는 두 가지 감각이 필요하다. 첫째는 감성에 기초한 감각으로, 디자인과 쾌적성 등 말로 표현되지 않는 측면을 이해하는 능력이다. 둘째는 이성에 기초한 감각으로 수학적, 논리적 요소를 정확히 이해하는 능력이다. 우리는 이러한 셋업 감각을 갖춘 인재를 잘 키워내야 한다.

일본의 제조 대기업은 대부분 이 셋업에 실패하는 것 같다. 미안한 말이지만 한마디로 죄다 촌스러운 제품만 만들고 있다. 더 안타깝게도, 이들은 모처럼 좋은 제품을 만들고도 홍보에 실패하기 일쑤다. 예전에 소니는 조금 나은 편이었지만 지금 일본에 애플 같은 표현력을 발휘하는 기업이 과연 있을까? 앞에서 말했듯이 대기업이기 때문에 다양한 부문의 의도가 개입되어 의사결정이 한없이 늦어지고 있는 것은 아닐까?

지금의 아마존에 없는 제품을 만들어 판다

아직도 전통적 모노즈쿠리에 집착하는 기업들이 많다. 제1장 물건 판매의 변화에서 100개국에서 100대씩 팔면 1만 대가 된다는 세계적 틈새시장의 개념을 언급했는데 아무래도 그들에게는 이 말이 다르게 해석되는 모양이다.

일본 경제산업성에서는 2014년부터 세계적 틈새기업 100사를 선정하고 있다. 국제시장의 개척에 참여한 기업 중 틈새시장에서 높은 점유율을 확보하고 양호한 경영을 실천하는 기업을 표창하기 위해서다. 그러나 기계·가공 부문, 소재·화학 부문 등 다섯 부문으로 나뉘어 선정된 100사의 면면을 훑어보면, 선정 기준이 아직 전통적 모노즈쿠리에 치우쳐 있다는 인상을 지울 수 없다. 최종 소비재를 만드는 기업보다는 자동차 내장용 독자 금형 기술, 녹 방지 나사, 실리콘 내열 도료, 자동차용 퓨즈 등을 만드는 부품 제조사 또는 주택 건축회사, 즉 소비재 기업의 하청회사가 대부분이다. 다시 말해 대부분 장인의 기술을 활용한 전통적·일본적 모노즈쿠리 기업이다.

세계적 틈새시장을 고려한다면 좀 더 최종 제품으로서의 판매를 지향해야 하는 것이 아닐까? 세레보의 이와사와 내가 말하는 세계적 틈새시장이란 최종 제품이 판매되는 시장이다.

또 기억할 것이 하나 있다. 가령 냉장고, 세탁기 등 백색가전 분야에서는 상품의 범용화와 획일화가 상당히 진전되어 있으므로 아무리 기능과 부가가치가 뛰어난 제품을 만들어도 소모적 가격 경쟁에 빠지기 쉽다. 반대로 틈새상품은 꼭 사고 싶은 사람만 사는 상품이다. 그래서 가격에 따라 매출이 쉽사리 변동하지 않는다.

요즘 '쇼루밍(showrooming)'이라는 말이 유행이다. 가전제품 등을 사러 가전매장 등을 방문하여 실물의 색과 형태, 사용 편의성 등을 확인한 뒤, 그 점포가 아닌 인터넷 숍에서 같은 상품을 구입하는 소비자 행동을 말한다. 이렇게 되면 매출이 일어나지 않아 소매점도 당연히 괴롭겠지만 항상 최저가 경쟁을 하느라 끝없이 가격을 떨어뜨려야 하는 제조사 역시 계속 줄어드는 이익 폭 때문에 힘들어진다.

그러므로 가격 비교 사이트나 아마존에 없는 제품을 개발한다면 어떨까? 그러면 애초에 가격을 비교할 방법이 없다. 가격으로 승부하지 않아도 되는 것이다.

이것이 수만 개 규모로 승부하는 전통적 제조 대기업과 수백, 수천 개의 중간 규모로 이익을 차곡차곡 쌓아올리는 메이커스의 큰 차이점이다.

새로운 가치를 창출하는 셋업

모노즈쿠리의 현장에 있는 나는 요즘, 이익을 낳는 부분이 신기술 개발과 소재·부품 개발 등의 상류로부터 중류를 건너뛰고 하류 쪽으로 이동하고 있음을 피부로 느끼고 있다.

'스마일 커브(smile curve)'라는 말을 아는가? 다양한 업계에서, 글로벌화 이후 상품 제조의 상류와 하류의 이익률이 높아진 한편, 중류를 담당하는 기업의 수익 구조가 악화된 것을 가리키는 말이다. 세로축에 이익률, 가로축에 기획·생산·조립·판매·애프터서비스를 배치하고 제조 과정의 상류에서부터 하류에 이르는 그래프를 그려보면, 꺾은선이 웃는 사람의 입 모양을 그린다고 해서 나온 말이다.

애플은 상류인 상품 기획과 하류인 판매를 전담한다. 중류인 생산과 조립 등 수익이 적은 부분은 모두 폭스콘 같은 외부 기업에 맡겼다. 이로써 애플은 수익이 가장 많은 부분을 확보한 것이다.

이처럼 제품의 구상과 디자인을 정하는 상류의 기획을 나는 셋업이라 부른다. 이 말에는 모듈화가 상당 부분 진행된 제조업의 현재 상황이 반영되어 있다. 셋업이란 요컨대, 어떤 가치의 제품을 어떤 모듈로 구성하여 제품화할지, 그 기초적인 아이디어를 내는 일을 말한다.

내가 존경하는 인물 중에 한 명인 게임 앤 워치, 겜보이를 만든 닌텐도의 요코이 군페이[橫井軍平]도 "낡은 기술의 수평 사고"라는 유명한 말을 남겼다. 이미 널리 사용되고 있는 오래된 기술이라도 기존의 개념을 벗어난 새로운 관점에서 바라보면 획기적인 물건을 만드는 재료가 될 수 있다는 뜻이다.

혁신이라는 말을 정의한 오스트리아의 경제학자 슘페터(Schumpeter)는 자신의 저서 《경제발전의 이론(Theorie der wirtschaftlichen Entwicklung)》에서 "혁신은 신결합, 즉 새로운 연계에 의해 생겨난다"라고 말했다. 이 말처럼 다양한 기능의 모듈이 속속 등장하는 가운데 메이커스가 기존의 부품을 새로운 기획으로 셋업하여 새로운 제품을 만들어낸다면 그것도 훌륭한 혁신이라 할 수 있다.

3D 프린터는 제조업의
마지막 퍼즐 조각에 지나지 않는다

나는 지금까지 3D 프린터의 이야기를 일부러 꺼내지 않았다. 메이커스라는 새로운 제조업의 조류에 관해서라면, 내가 아닌 누구라도 3D 프린터를 제일 먼저 화제로 삼았으리라고 생각하기 때문이다.

이름 그대로 2차원의 출력을 실시하는 종이 프린터에 비해, 합성수지 등을 노즐로 분사하거나 광경화성(光硬化性) 수지에 자외선을 쬐어 경화시키거나 탄산가스(CO_2) 레이저 등으로 결합시켜 3차원의 입체를 출력하는 장치가 3D 프린터다. 이를 활용하면 CAD(Computer-Aided Design: 컴퓨터로 설계된 디자인) 데이터를 바탕으로 재료를 적층하는 방식으로 입체를 조형할 수 있다.

그러나 3D 프린터란 지금까지 말했던 제조의 변화를 구성하는 마지막 퍼즐 조각에 불과하다는 것이 내 생각이다. 지금까지 설명한 제조의 환경 중 3D 프린터는 과연 어떤 부분을 담당할까? 나는 3D 프린터의 기본적인 역할은 다음과 같다고 생각한다.

1. 완성품을 만든다.
2. 외장 부품과 부속품을 만든다.

3. 맞춤 부품을 만든다.

가장 친숙한 역할은 1번 '완성품을 만든다'일 것이다. 신문이나 TV에서 3D 프린터를 소개할 때도 사람을 3D로 스캔하여 그 사람의 미니어처를 만드는 장면이 주로 등장한다. 여기서 말하는 완성품 제작이란 3D 프린터를 활용하여 만들어낸 물건이 그대로 제품이 되는 경우를 가리킨다.

세계 120개국에서 주문을 받는 3D 프린트 서비스

3D 프린터로 어떤 물건을 만들 수 있는지 궁금하다면 3D 프린트의 도면을 공유하거나 판매하는 웹 서비스를 찾아보자. 그중 2007년에 네덜란드에서 탄생한 3D 프린트 서비스 셰이프웨이즈 (Shapeways)는 현재 1만 개 이상의 점포를 거느리며 세계 약 120개국에서 매월 12만 건 이상의 주문을 받는 거대한 글로벌 서비스다.

셰이프웨이즈는 창작자가 인터넷에 업로드한 3차원 데이터를, 다양한 소재를 활용할 수 있는 자사의 3D 프린터에 전송하여 정

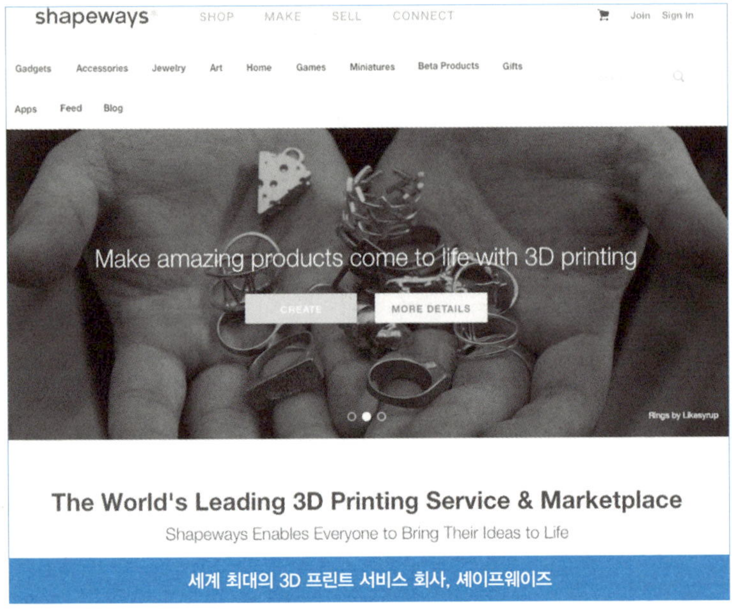

세계 최대의 3D 프린트 서비스 회사, 셰이프웨이즈

밀도 높은 조형물로 출력한 후 구입한 사람에게 배달해주는 서비스다.

참고로 셰이프웨이즈의 주요 상품 분류는 다음과 같다.

* 부품(드론 부품, DIY 부품, 기계 부품, 로봇)

* 잡화(케이스, 열쇠고리, 벨트, 버클, 악기)

* 준보석(반지, 펜던트, 목걸이, 팔찌, 귀걸이, 소매 장식)

* 예술품(기하학적 작품, 유행하는 디자인 소품, 조소 작품)

* 가정용품(장식품, 조명, 식탁용품)

* 게임(주사위, 보드게임, 완구, 퍼즐, 소형 완구)

* 미니어처(모형 기차, 자동차, 축척 모형, 가구, 피규어, SF 모형)

이 분류만 보아도 3D 프린터로 대략 어떤 물건을 만들 수 있는지가 대충 보인다. 수지뿐만 아니라 금속으로 된 액세서리 제품도 3D 프린터로 출력된다는 사실도 알 수 있다.

참고로 DMM.make의 3D 프린트 서비스는 그 규모가 날로 커지고 있다. 아직 셰이프웨이즈를 따라잡지는 못하지만 셰이프웨이즈보다 저렴하고 빠르게 출력할 수 있는 환경을 제공한다는 전략 하에 후발이라는 불리한 위치를 극복하고 세계 점유율을 5%까지 올리는 데 성공했다. 완성품에 대한 수요에는 국경이 없는 것 같다.

전통 공예품과 3D 프린터의 융합

3D 프린터로 만들어지는 완성품 중에는 일본의 전통 공예품도 있다. 스타트업 Secca(셋카)는 컴퓨터를 활용한 3차원 설계기술과 전통 공예기술을 융합시켜 전혀 새로운 형태와 질감을 표현하는 작품을 창작하고 있다.

전에 니콘의 디자인부에서 일했던 우에마치 다쓰야[上町達也]와 야나이 유이치[柳井友一]는 전통 공예의 장인이 많이 거주하는 이시카와[石川]의 가나자와[金沢]로 가서 Secca를 창업했다. 이들은 스타트업을 지원·육성하는 미야타 히토시[宮田人司]의 협력을 받아 2013년에 회사를 설립하고 새로운 만들기에 도전하는 중이다.

Secca가 만드는 그릇 등의 작품은 감각적인 가전제품을 많이 취급하는 라이프스타일숍 츠타야[蔦屋]에서 판매되고 있으며, 국제적인 이벤트의 공식 식기로도 채택되는 등 많은 관심을 받고 있다. 그 작품 중 하나인 ASCEL 시리즈는 3D 데이터를 바탕으로 성형한 도기에 옻칠을 하거나, 3D 프린터로 출력한 그릇에 옻칠을 하고 금박을 입히는 등의 방법으로 기존의 전통적 수제 가공으로는 구현할 수 없었던 하나의 형식을 만들어냈다. 이들의 도전에는 나의 3D 조형의 스승이자 일본에서 3D 조형 분야를 선구해온 케이즈 디자인 랩의 하라[原]도 협력하고 있다.

셰이프웨이즈처럼 3차원 데이터를 공유·판매하는 일본의 웹 서비스 업체 린칵(rinkak)도 3D 프린터로 만든 칠기(옻칠 그릇)를 취급한다. 또 이 사이트에서는 일본산 청바지로 유명한 구라시키[倉敷] 시 고지마[児島]의 전통 쪽 염색(藍染) 기술과 3D 프린터를 융합시키는 새로운 프로젝트도 진행되고 있다. 여기서는 3D 프린터로 쪽 염색 특유의 색감과 아름다움을 그대로 재현하는 기술을 개발할 예정이라고 한다.

또한 흥미롭게도, 린칵은 3D 프린터로 제조하는 공장들과 제휴하여 그 공장에 수주부터 제조, 발송까지 모두 맡기는 구조를 채택하고 있다. '공장의 클라우드 서비스'[04]라고 부를 수 있는 체제다. 이것이야말로 일본의 모노즈쿠리를 짊어질 메이커스의 새로운 방식이라고 생각한다(이것은 제3장에서 소개할 인더스트리4.0의 일환이라고도 할 수 있다).

[04] 자사가 생산 공정에 관여하지 않고 외부 공장에 모든 것을 맡긴다는 뜻으로 쓰인 말이다.

적층 조형의 역할

3D 프린터로 완성품이 아닌 외장 부품과 일부 부품을 만드는 사례도 많다.

예를 들어 제트 엔진의 연료 분사장치는 내부 구조가 매우 복잡하여 예전에는 여섯 가지 부품을 조합하여 만들었다고 한다. 그러나 현재는 3D 프린터 등의 기술로 내부 구조까지 한꺼번에 조형할 수 있게 되었다. 이런 일체화로 제작 기간이 단축되었을 뿐만 아니라, 이전에는 따로 붙여야 했던 노즐의 강도도 상당히 향상되었다.

이처럼 경량화가 요구되는 항공기 분야에서는 일체 성형으로 경량화와 안전성 향상이라는 두 마리 토끼를 잡는 경우가 많다. 에어버스 사 항공기의 엔진 보호용 문의 경첩도 3D 프린터의 일체 성형 기술로 만들어지고 있다.

이 기술은 최근에 개발된 것은 아니다. 3D 프린터는 오래전 1980년대부터 이미 실용화되어 있었다. 하지만 내가 3D 프린터를 1990년대 중반에 처음 보았을 당시에는 그 가격이 수천만 엔이나 되어 일반인이 사용하기는 어려웠다. 발명된 지 20년이 지나 기본 특허가 종료된 덕분에 개인용 3D 프린터가 저렴한 가격에 널리 보급되기 시작한 것도, 3D 프린터가 현재와 같은 선풍을 일으킬 수 있었던 이유 중 하나다.

3D 프린터는 전통적인 제조업의 수많은 기술 중 하나로 사용되어왔다. 입체를 수평으로 잘라낸 단면 데이터를 기반으로 수지 등을 얇게 적층하여 입체를 제작하는 3D 프린터의 기술은 일명 어딕티브 매뉴팩처링(Addictive Manufacturing: 적층 조형, 부가 제조)으로 불린다.

어딕티브 매뉴팩처링은 소위 디지털 패브리케이션(digital fabrication: 물질을 정보화하거나 정보를 물질화하는 기술의 총칭) 중 소재를 겹치는 기술에 해당한다. 자르고 깎아내는 레이저 가공으로는 시간이 너무 걸리는 작업을, 소재를 겹침으로써 단축할 수 있었으므로 이 기술은 예전부터 금형을 성형(成型)[05]해야 하는 부품의 제조에 활용되어왔다.

그런데 이런 겹치는 기술에 드는 비용이 확 내려간 덕분에, 3D 프린터를 활용한 물건 제작이 활성화되었고, 결국 제조에 드는 기간과 비용도 절감할 수 있게 된 것이다.

05 거푸집에 넣고 압축기로 눌러서 형체를 만듦. 일정한 형체를 만든다는 뜻의 성형(成形)과는 다른 말이다.

인체 등 자연물에
더욱 적합한 3D 프린트 기술

3D 프린트 기술은 구조가 복잡한 품목을 연속적으로 제조해야 하는 분야에 적합하다. 금형으로는 만들 수 없는 구조를 만들 수 있는 데다 다양한 소재를 이용할 수 있으므로, 각자 생김새가 다른 사람의 몸에 맞추어 물건을 제작해야 하는 의료기기 등에 특히 유리하다.

실제로 귀에 삽입하는 주문 제작형 보청기는 어딕티브 매뉴팩처링으로 조형하는 것이 일반적이다. 일본 기업인 리온도 주문 제작형 보청기를 3D 프린터로 제작한다.

치과 교정용 마우스피스 역시 이런 방식으로 만들어진다. CT(Computer Tomography: 컴퓨터단층촬영)로 환자의 치열 화상을 촬영한 후 그 데이터를 3D 프린터에 전송하여 투명한 수지로 마우스피스를 제작하는 것이다.

또 아직 연구 단계지만 의료 현장에서도 3D 프린터가 이용되기 시작했다. 사가[佐賀] 대학은 살아 있는 세포가 뭉친 세포 덩어리를 적층하여 복잡한 입체 구조를 출력하는 기술을 개발했다. 연구팀은 이 기술을 이용하여 혈관 세포로 제작한 인공 동맥을 동물에 이식하는 실험을 진행하고 있다.

또 기존 공법으로는 제작이 불가능했던 입체망(메쉬) 구조의 조형물을 3D 프린터로 만들려는 시도도 계속되고 있다. 입체망 구조에는 뼈 조직이 침투하기 쉬우므로, 이 조형물은 인체와 자연스럽게 접착될 것이다. 따라서 이 기술을 활용한 인공뼈와 인공관절 등의 개발이 큰 기대를 모으고 있다.

3D 프린터로 만든 자전거

2015년 봄, 이탈리아 밀라노에서 개최된 국제 가구 견본시장, 통칭 밀라노 살로네(Salone)에 등장한 자전거 한 대가 전 세계의 눈길을 끌었다. 3D 프린터로 제작된 로드바이크 디에프엠01 오지아(DFM01 OUSIA)다.

이 자전거는 프레임의 주요 부품을 3D 프린터의 티탄 소결 방식으로 제작했으며, 기본적인 골격에는 카본 소재를 사용하였고, 변속기는 일본의 유명 자전거 부품 제조사 시마노의 모듈을 쓰는 등의 방식으로 조립되었다. 디자인 스튜디오 트리플 바텀라인(Triple Bottom Line)의 주도하에 완성된 다각형 모양의 기하학적 디자인이 독특하다.

이 자전거는 시제품 제작을 비롯한 모든 과정을 DMM.make

3D 프린터로 만들어진 로드바이크 디에프엠01 오지아

에서 진행했다. 즉 설계에서 생산에 이르기까지, 일관된 하나의 서비스를 이용한 것이다. 하지만 제작을 주도한 산업 디자이너 야나기사와 사토시[柳沢郷司]는 처음에 3D 프린터로 실용품을 만드는 것에 반대했다고 한다. 3D 프린터로 무엇을, 어떻게 만들 수 있는지를 몰랐기 때문이다.

그러나 보잉 787의 비상문 경첩이나 의료 분야의 인공관절 등 다양한 업계의 다양한 제품이 3D 프린터로 제작되고 있다는 사실을 알고 생각을 바꾸었다.

실제로 디에프엠01의 프레임은 UCI(Union Cycliste Inter-nationale: 국제 자전거 경기연합)가 정한 경기용 차량 규격을 만족시킨다. 즉 이 자전거는 국제 경기를 충분히 치를 만큼 튼튼하다(실제로 2015년 9월에 개최된 투르 드 도후쿠의 미나미산리쿠 코스 170킬로미터를 야나기사와 본인이 이 자전거로 완주했다).

향후 야나기사와는 이 자전거에 각종 센서 모듈을 추가할 예정이다. 그러면 자동차의 주행 기록장치처럼, 자전거 탑승자에게 무슨 일이 일어났는지를 실시간으로 기록할 수 있다.

3D 프린터로 부품을 출력해서 할 수 있는 일은 이것만이 아니다. 아직 실험 단계이기는 하지만 3D 프린터로 출력한 금속 부품을 실제로 사용할 수 있게 된다면 사용자의 체격에 0.1밀리미터 단위로 맞춘 부품이 만들어질 것이다. 개인의 필요에 따른 부품의 미세 조정이 가능해지는 것이다.

이처럼 대량생산은 점점 어려워지고, 개인을 위한 맞춤제작과 적량생산은 점점 활성화되는 추세다.

저렴한 근전의수의 적량생산을 지향한다

이런 맞춤제품의 적량생산이라는 분야야말로 메이커스가 만들어낸 새로운 모노즈쿠리의 생태계가 아닐까 생각한다. 예를 하나 들어보자. DMM.make AKIBA에는 근전의수(筋電義手)를 만드는 익시(exiii)라는 스타트업이 입주해 있다.

근전의수는 근육의 전기신호를 이용하여 사용자가 자유자재로 움직일 수 있는 의수다. 사람이 손을 쥐거나 펴면 팔의 근육이 부풀어 올라 모양이 바뀐다. 교통사고로 손을 잃었다고 해도 남은 근육은 조금씩 움직인다. 뇌가 신경을 통해 보내는 전기신호를 그 근육에서 감지하여 의수를 움직이는 것이다.

익시는 이 근전의수를 개량하는 작업을 하고 있다. 손가락 관절 구조를 궁리하여 모터 수를 줄임으로써 의수를 경량화하고, 스마트폰으로 동작을 제어할 수 있게 만들려는 것이다. 독일의 선두 업체가 만드는 비슷한 제품은 150만 엔 이상이지만 가격을 그 10분의 1 정도까지 내려서 일반인도 쉽게 구매할 수 있게 만드는 것도 그들의 목표 중 하나다.

익시는 가전제품을 만드는 대기업에서 근무하던 세 사람이 독립하여 만든 회사다. 소니의 소프트웨어 기술자였던 곤도 겐타[近藤玄大], 파나소닉의 기계설계 기술자였던 야마우라 히로시[山浦博志], 그리고 파나소닉의 산업 디자이너였던 고니시 데쓰야[小西哲哉]가 그들이다.

그들은 예전 회사에 근무할 당시에 '제임스 다이슨 어워드(James Dyson Awards) 2013'에 근전의수 '핸디(handiii)'를 출품하여 전 세계의 650개 응모 작품 중 2위를 당당히 차지하기도 했다. 다이슨 재단은 사이클론 청소기로 유명한 영국 다이슨 사의 창업

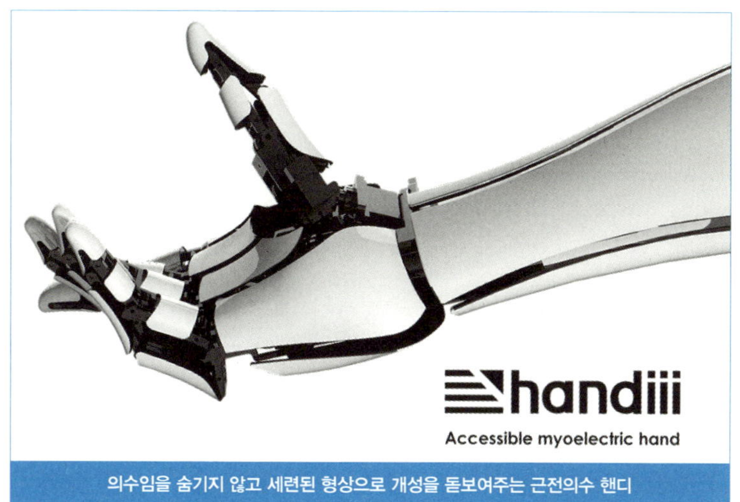

의수임을 숨기지 않고 세련된 형상으로 개성을 돋보여주는 근전의수 핸디

자가 설립한 재단으로, 이 재단의 국제 디자인 엔지니어 경연에서 일본인이 이처럼 상위로 입상한 일은 매우 이례적이었다.

예전의 근전의수는 손이 없는 것을 숨기기 위한 물건이었으므로 질감과 주름 등을 사람의 손과 비슷하게 만드는 것이 중요했다. 한편 익시의 근전의수 핸디는 미래가 느껴지는 세련된 형상으로, 디자인성을 매우 중시한 것이 특징이다. 핸디는 의수임을 숨기기보다 손목시계나 안경 등 패션 아이템처럼 멋지게 장착하여 하나의 개성으로 보여주는 스타일을 지향한다. 이 디자인은 세계적 디자인 경연대회인 'iF 디자인 어워드 2015'에서 최우수상(GOLD Award)을 받는 등 높은 평가를 받고 있다.

3D 프린터로 사람의 몸에
맞추어 제작한다

익시는 크라우드 펀딩에도 도전하여, 목표액 70만 엔의 5배인 350만 엔을 모금하는 데 성공했다. 또 NPO법인 '미션 암 재팬(Mission ARM Japan)'과 한 팀을 꾸려 미국 구글이 주최하는 'Google 임팩트 챌린지'에 참여한 결과, 최종 10팀으로 선정되어 구글로부터 2,500만 엔의 지원금을 받기도 했다. 구글은 첨단 기술로 세계를 더 살기 좋게 만든 기업과 개인에게 이런 지원금을 제공한다.

예전의 의수는 손이 없다는 부정적인 상황을 손이 있다는 중립적 상황에 근접시키기 위해 존재했지만 이제는 의수로 더 멋진 손이 있다는 긍정적 상황을 만들고 싶다는 것이 이들의 생각이다. 익시를 찾아온 손님들과 이야기하다 보니, 스마트폰에 쓰이는 SIM 카드를 손끝에 넣어 전화를 걸 수 있게 하면 재미있겠다, 기타를 잘 치게 해주는 의수가 있으면 좋겠다는 등의 다양한 아이디어가 나왔다.

그런데 3D 프린터로 부품을 만들면 이 근전의수 핸디의 가격을 대폭 내릴 수 있다고 한다. 지금까지 의수는 일종의 틈새상품이었으므로, 한정된 수요에 맞춰 제조 설비를 운영하느라 제조비용이 많이 들었던 것이 사실이다.

3D 프린터로 출력할 수 있는 디자인을 채택한다면 필요한 수량만 만들기가 훨씬 쉬워질 것이다. 또 사용자의 팔 모양에 맞추어 하나하나 따로 만들어도 단가가 크게 오르지 않으므로 저렴한 가격에 주문생산이 가능해진다. 이처럼 수요가 한정된 시장이라도 필요량을 맞춤생산하여 전 세계에 판매한다면 비즈니스로서 충분히 성공할 수 있다.

물건 제조의 민주화

여기까지 '완성품을 만든다', '외장 부품과 부속품을 만든다', '맞춤 부품을 만든다'는 세 가지 측면의 3D 프린터의 활용 사례를 살펴보았다. 여러분의 예상과 비슷했는지 궁금하다.

새로운 제조업은 '메이커스 무브먼트'라는 말로 표현되듯, 이미 하나의 조류를 형성하고 있다. 어떤 사람들은 이를 '물건 제조의 민주화'라고 표현하기도 한다. 그리고 3D 프린터는 그것을 실현할 대표적인 방법으로 언급되고 있다.

3D 프린터의 보급 과정은 종이 프린터의 보급 역사와 비슷하다. 잉크를 흡착시킨 띠(잉크 리본)에 가는 핀(도트)을 두드려서 인

쇄를 했던 도트 임팩트 프린터를 기억하는 사람이 있을지 모르겠다. 이 프린터는 가격이 비싼 데다 소음도 커서 가정에는 거의 보급되지 않았다. 그러다 이후 잉크젯 프린터가 등장하여 저렴한 가격에 고품질 인쇄가 가능해지자 모든 가정에 프린터가 보급되기 시작했다. 그와 마찬가지로 3D 프린터도 조만간 대중화될 수도 있다.

그러나 그렇게 예상하기는 아직 이른지도 모르겠다. 집에 3D 프린터가 한 대 있으면 이웃이 찾아와 망가진 가구 부품을 만들어 달라며 도움을 청할 테니 3D 프린터는 공동체 재생에도 도움이 될 것이라고 주장하는 사람도 있다. 어쩌면 5년 후, 10년 후에 그런 일이 일어날지도 모르지만 나는 아직 그렇게 대중화될 정도의 기술적 특성을 3D 프린터에서 발견하지 못했다.

미국 사람들은 원래부터 창고가 딸린 큰 집에 살며 동네마다 있는 홈센터를 자주 찾는다. 이처럼 DIY 문화가 뿌리내린 나라와 우리는 상황이 전혀 다르지 않을까? 아직까지 스스로 가구를 만들어 쓰는 사람은 일부 애호가들뿐이다. 서비스업이 워낙 발달한 탓에 이케아의 조립식 가구를 사와서 집에서 조립하는 것조차 귀찮아하는 사람이 많다.

한편 3D 프린터의 설계도 데이터가 축적되면 예전에 IT가 대중화될 때처럼 그 데이터가 널리 공유되면서 비즈니스와 사회 구조를 확 바꿔놓을 것이라고 주장하는 사람도 있다. 하지만 메이커스가 한데 모인 새로운 제조업의 현장에서 지켜본 바로는, 하루아침에 그런 변화가 일어나기는 어려울 듯하다. 인터넷이 등장한 뒤 20년이 흘렀지만 그동안 PC·스마트폰의 소프트웨어와 애플리케이션을 만드는 사람이 얼마나 많아졌는가? 누구나 웹페이지를 만들 수 있게 되었는가? 그렇지 않다는 것을 여러분도 잘 알 것이다.

웹이나 애플리케이션 개발과 마찬가지로 무엇을 만든다는 것은 제작자의 열정이 필요하다. 물건에 담긴 감각 등 정서적인 부분은 결국 제작자의 철학과 열정으로 완성되는 것임을 잊어서는 안 된다.

'물건 제조=3D 프린터'는 거짓

이 책의 앞부분에서는 물건 제조와 관련된 최근의 변화를 다루었다. 물건 제조가 활성화된 이유를 대략 설명하고, 일부러 3D 프린터를 언급하지 않고 모듈화를 강조하면서 셋업이 가치를 낳는 원천임을 역설했다. 이야기의 순서를 이렇게 정한 데에는 명확한 의도가 있다.

이미 설명했다시피 3D 프린터의 이용은 물건 제조와 같은 의미가 아니다. 물론 3D 프린터로 완성품을 만드는 사례는 흔하다.

또 3D 프린트로 제품의 가치 자체를 높이는 사례도 많다. 그러나 그것은 어디까지나 이용 사례의 일부에 불과하며, 3D 프린터는 주로 외장 부품과 부속품, 맞춤 부품을 만드는 역할을 담당하고 있다.

2014년에 일본의 경제산업성이 발표한 '신모노즈쿠리 연구회의 보고서'에서는 세계의 3D 프린트 관련 시장의 2020년도 시장 규모를 예측하고 있다. 그에 따르면 장치와 소프트웨어를 포함한 재료·기자재가 1조 엔, 3D 프린터로 출력한 제품이 10.7조 엔, 생산성 혁신의 효과가 10.1조 엔으로 예상된다. 모두 합하면 21.8조 엔이다.

그런데 이처럼 3D 프린터로 출력한 제품의 시장이 10.7조 엔 규모로 예측되는 가운데 개인용 3D 프린터를 이용한 출력 서비스 시장은 그중 1.1조 엔에 불과할 것으로 나타났다. 그 외에는 부품 등을 직접 조형하는 시장이 6.5조 엔, 교환용 부품을 제조하는 시장이 3.1조 엔으로, 완성품을 만드는 시장은 그다지 커지지 않는다는 전망이다.

3D 프린터의 데이터가 공개되어 획기적인 혁신이 일어난다고 해도, 그것은 일부 완성품과 부가가치형 부품, 애프터서비스를 위한 교체용 부품 정도에 국한될 것이다. 즉 모듈을 조합하여 기능을 부여하고 매력적으로 디자인된 외장을 추가하는 등의 확실한 셋업이 동반되지 않는 한 진정한 의미의 제조업으로 성립되지 못한다.

3D 프린터의 최대 장점

그렇다면 3D 프린터의 진정한 가치는 어디에 있을까? 뻔한 결론이기는 하지만 역시 프로토타이핑(prototyping), 즉 시제품을 만드는 데 있다.

예전에도 3D 프린터를 이용한 시제품 제작은 가능했지만 최근 3D 프린터의 가격이 저렴해지고 사용 가능한 재료와 조형 방식이 다양해짐에 따라 이용자의 선택지가 크게 확대되었다. 또 요즘 들어 제조업에 관심이 집중되자, 3D 프린터는 시제품을 즉시 만들 수 있다는 특성 덕분에 개발자와 사용자 등 다양한 사람의 아이디어를 촉진하는 요소로 작용했다. 3D 프린터는 사람들 사이의 소통을 유발하여 제품 개발을 활성화했고 제품 개발 속도도 향상시켰다.

특히 개발 속도가 빨라지자 시행착오의 경험지가 급속히 축적되기 시작했다는 점에 주목해야 한다. 메이커스의 현장에서 나는, 실패의 양이 모노즈쿠리의 질을 향상시킨다는 사실을 매일 체험하고 있다.

또 3D 프린터를 통한 시제품 제작은 비슷한 시기에 등장한 크라우드 펀딩에도 큰 영향을 미쳤다. 기능이 더욱 향상된 3D 프린터를 통해 완성도 높은 시제품을 만들어 보여줄 수 있게 된 것이다. 시제품의 완성도가 올라가면 크라우드 펀딩의 시각적 매력도 높아져 더 많은 자금을 모집할 수 있다.

일본 모노즈쿠리의 세대교체

제조업에 몸담으며 메이커스의 활약을 가까이에서 지켜보는 동안, 나는 커다란 흐름을 읽게 되었다. 바로 일본의 모노즈쿠리를 혁신한 세대가 1세대, 2세대, 3세대로 나뉜다는 것이다.

1세대는 소위 전통적 모노즈쿠리 기업이다. 이들은 자사에서 연구개발부터 기획, 제조, 판매, 애프터서비스까지 모든 과정을 직접 진행한다. 이 세대를 대표하는 기업은 전후(戰後) 모노즈쿠리에 큰 혁신을 일으킨 토요타, 닛산, 혼다, 샤프, 소니, 파나소닉, 히타치, 후지쓰, NEC, 캐논 등이다.

그리고 2세대는 모듈화 이후에 등장한 셋업기업으로, 모듈화된 부품을 조합하여 새로운 부가가치를 창출하는 제조사이다. 그들은 셋업이라는 새로운 방식으로 혁신을 실현했다.

그 대표적인 예로 고프로(GoPro)를 들 수 있다. 바로 옷이나 스포츠 용품 등에 장착하여 동영상을 촬영하는 웨어러블 카메라를 개발한 회사다. 고프로는 2002년에 설립된 후 급격히 성장하여 2013년에 약 9억 8,570만 달러의 매출을 기록했고, 2014년에는 미국 나스닥에까지 상장되었다.

사실 고프로가 만든 카메라의 성능은 수십 년 전부터 사용되어 온 디지털카메라와 크게 다르지 않다. 유일하게 다른 것은 카메라를 사용하는 목적과 용도다. 예전에 프로 서퍼(surfer)였던 창업자 닉 우드맨(Nick Woodman)은 '서퍼의 시선에서 영상을 촬영해보자'는 아이디어를 떠올렸다. 그리고 기존의 비디오카메라 회사가 상상도 못할 일, 즉 카메라에서 액정을 제거하는 일을 감행했다. 서핑하면서 액정을 볼 여유 따위는 없다는 것이 그 이유였다. 그는 실제 체험을 바탕으로 액션 스포츠를 즐길 때는 이렇게 해야 생생하게 촬영할 수 있다는 확신을 얻었고, 그 기능을 특화시킨 것이다. 등장한 당시에는 확실히 틈새시장을 겨냥한 제품이었다.

지금은 소위 액션캠이라는 새로운 장르까지 생겨났지만 고프

다이내믹한 장면을 찍을 수 있는 웨어러블 카메라 고프로

로가 출시되었을 당시의 시장 상황은 전혀 달랐다. 내가 카메라 대기업 직원에게 이게 유행할 테니 만들어보라고 권했더니 "이건 장난감 아니냐"라는 답이 돌아왔다. 하긴 대형 카메라 제조사들이 곧바로 같은 제품을 만들어 추격했다면 고프로가 이렇게까지 큰 시장을 점유할 수 없었을 것이다. 이렇게 참신한 셋업을 고안하기만 한다면, 기존의 기술만 조합해도 새로운 가치를 창출할 수 있다.

고프로는 단순한 카메라가 아니다

사실은 고프로가 창업하기 한 해 전에 개시된 동영상 서비스 유튜브는 고프로의 급성장을 뒷받침한 일등공신이다.

고프로의 표어는 "세계 최고로 다재다능한 카메라. 바닷속에서 우주 끝까지, 믿을 수 없는 순간을 GoPro로"이다. 이 표어 그대로 산악자전거나 스키에 붙은 카메라로 찍은 고속 이동 장면, 그리고 스카이다이버의 헬멧에 붙은 카메라로 찍은 창공, 다이버가 촬영한 바닷속 모습 등 다양한 동영상이 유튜브에 올라오기 시작했다.

주식시장에 상장될 때, 고프로 측은 그런 동영상의 재생횟수가 10억 회 이상, 재생시간은 연 5,000만 시간 이상이라고 주주들에게 보고했다. 이렇게 촬영된 동영상은 콘텐츠로서 소비될 뿐만 아니라 나도 그런 동영상을 촬영하여 유튜브에 올리고 싶다고 느끼는 신규 사용자를 창출하는 역할도 했다.

이런 면에 마지막 3세대의 혁신을 촉진하는 힌트가 숨어 있다. 풍경을 촬영한 동영상이 인터넷에서 공유됨으로써 고프로는 단순한 카메라라는 물건이 아닌, 전혀 새로운 관점을 찾아 모험을 떠나는 일을 사물화(事物化)한 것이다. 이것이 바로 제조업의 사물화(서비스화)다.

하지만 당시에는 고프로로 찍은 동영상을 PC로 옮겼다가 다시 유튜브에 게시해야 했다. 만약 고프로가 인터넷에 바로 연결된다면 어떨까? 이런 발상의 차이가 결국 3세대의 혁신을 낳았다.

제조업 혁신의 3세대는 소위 IoT를 담당하는, 전혀 새로운 형태의 메이커스다. 단 서론에서 말한 대로 IoT는 물건의 인터넷이 아닌 사물의 인터넷이니 오해가 없기를 바란다. 이제 제3장에서는 사물의 수익화라는 주제하에, 향후 제조업에 가장 큰 혁신을 가져올 것으로 여겨지는 IoT를 본격적으로 다루어보자.

물건을 넘어 '사물'의 수익화로

– 스마트화 · 인더스트리4.0 · IoT

사물은 물건과 일, 두 가지를 모두 포괄하는 말로, 영어로는 'Things'다. 왜 물건이 일(서비스)을 포함하게 되었을까? 물건이 인터넷에 접속되는 IoT에 의해 하드웨어 비즈니스가 예전처럼 물건을 팔고 끝나는 제조업에서 물건의 판매를 시작으로 하는 서비스업으로 바뀌고 있다. 센싱 기술의 향상으로 데이터가 인터넷에 집적될수록 하드웨어는 스마트해져 사람의 손을 덜어주고 생활의 효율과 편의성을 높일 것이다. 그리고 그런 데이터가 클라우드상에 집적되고 인공지능에 의해 분석되는 과정에서 새로운 가치를 갖게 되면, 그 가치를 활용한 편리한 서비스가 속속 등장할 것이다. 이때 비로소 물건 이외의 사물의 수익화가 시작된다.

날씨를 여러 색의 불빛으로 알려주는 우산꽂이

어느 날 아침, 잠을 깨서 보니 거의 지각이다. 황급히 세수를 하고 옷을 갈아입은 후 아침 식사는 건너뛰고 회사로 향한다. 그렇게 전철에서 40분을 흔들려 도착한 회사에서는 업무에 쫓겨 종일 화면만 들여다본다. 그 외에는 잠깐의 휴식 시간에 동료의 불평을 들어주었을 뿐이다. 그런데 퇴근할 때가 되어 회사를 나서니 아뿔싸, 비가 내리고 있다. 아침에 우산 챙기는 걸 깜빡한 것이다. 이럴 줄 알았으면 아침에 TV 뉴스나 스마트폰으로 일기예보를 확인하는 건데……. 후회하며 편의점에서 비닐우산을 산다. 누구나 한 번은 했을 법한 경험이다.

얼마 전에 일본 통신 업체인 KDDI에서 휴대전화 au의 브랜드로 재미있는 인테리어 잡화 하나를 발표했다. 스마트폰과 연동하여, 우산을 챙겨야 할지, 말아야 할지를 외출 전에 알려주는 획기적인 우산꽂이다.

전용 애플리케이션을 다운로드한 스마트폰을 그 우산꽂이 근처에 가져가면 강수 확률에 따라 우산꽂이에 다섯 가지 중 한 가지 색깔의 불이 켜진다. 맑으면 오렌지색, 흐리면 흰색, 비가 오면 푸른색 등으로 우산꽂이 아래의 테두리가 당일의 일기예보에 따라 다른 색으로 빛나는 것이다. 덕분에, TV 뉴스나 신문으로 일기예보를 확인할 필요 없이 현관을 지나며 구석에 놓인 우산꽂이를 보기만 해도 우산을 빠짐없이 챙길 수 있다. 또 우산꽂이 옆을 지날 때 스마트폰의 애플리케이션에 그날의 날씨 정보가 도착하므로 집을 나설 때 화면을 잠시 보기만 하면 자세한 일기예보를 확인할 수 있다.

이 우산꽂이와 스마트폰 사이의 통신에는 블루투스가 활용된다. 전자기기의 모듈화가 진전된 덕분에 이처럼 인터넷에 접속하여 편리하게 사용할 수 있는 물건이 속속 만들어지고 있다.

내가 왜 이 제품의 출시를 더욱 흐뭇하게 느꼈느냐 하면 이 책에서도 여러 번 등장한 세레보의 이와사 대표가 창업 직후의 인터뷰에서 이런 이야기를 했기 때문이다.

정말로 만들지 말지는 모르겠지만 우산꽂이를 인터넷에 접속시켜도 재미있지 않을까? '비가 오는 날은 우산꽂이에 파란색 불이 들어온

그날의 일기예보에 따라 색이 변하는 au 브랜드의 우산꽂이

다'고 상상해보자. 그것만으로도 생활이 얼마나 편리해지겠는가?

　－〈CNET Japan〉 2008년 6월 2일 기사에서 인용

　2008년에 이 기사가 발표된 뒤 다양한 변화가 있었다. 이제는 이런 우산꽂이쯤은 몇 개월 안에 쉽게 만들어낼 수 있는 시대다. 아이디어가 있었는데도 지금까지 못 만든 이유가 무엇인지는 의문이지만 어쨌든 그 무렵 꿈꾸었던 다양한 물건이 인터넷과 연결되는 세상이 드디어 실현된 것이다. 실로 감개무량한 일이다.

동작과 조작에는 큰 차이가 있다

스마트폰으로 일기예보를 확인하는 것과 우산꽂이에 파란 불이 들어오는 것의 차이점이 무엇인지 생각해보자.

예를 들어 사무실에 커피를 타주는 기계가 있다고 하자. 당신이 책상 앞에 앉을 때마다 그 기계가 "커피 드시겠습니까?"라고 물어보는 것이 좋겠는가? 아니면 아침 출근 후 마음을 정돈하고 싶을 때, 그리고 긴 회의를 마치고 자리에 돌아왔을 때 "커피 드시겠습니까?"라고 물어보는 것이 좋겠는가? 아마 후자 쪽이 더 기분 좋게 느껴질 것이다. 점심식사를 마치고 자리에 돌아왔을 때 "입가심으로 커피 한잔 드시겠습니까?"라고 물어본다면 더욱 좋을 것이다.

마찬가지로 외출 직전에 파란색으로 빛나는 우산꽂이는 적절한 타이밍에 우산을 챙기라는 메시지를 전해준다. 한술 더 떠서, 지방으로 당일 여행을 떠날 때 "그 지역에는 오늘 오후에 비가 내릴 예정입니다. 접는 우산을 가져가시겠습니까?"라고 말해준다면 더욱 기쁠 것이다. 만약 직접 준비를 하려면 일기예보를 확인한 뒤 우산을 챙길지, 말지 결정해야 한다.

그 차이는 나 나름대로 표현하자면, 무의식적이고 자연스러운 '동작'인가 아니면 의식적이고 목적이 있는 '조작'인가에 있다고 말할 수 있다. 어떻게 보면 아주 미묘한 차이일 수도 있지만 IT나

인터넷 세상에서 이것은 상당히 중요한 차이다.

정보처리에는 반드시 데이터의 입력(input)과 출력(output)이 존재한다. 뉴스를 볼 때도 인터넷 검색을 할 때도 우리는 반드시 PC나 스마트폰에 무언가를 입력한다. 일기예보 역시 스마트폰 애플리케이션을 실행시키거나 검색엔진으로 검색을 해야 확인할 수 있다. 필요한 정보를 입수하려면 무언가 조작이 필요한 것이다.

그렇다면 우산꽂이에는 입력이 어떻게 이루어질까? 이 경우, 외출하기 위해 현관으로 이동한 동작이 곧 입력이 된다. 스마트폰에 내장된 센서가 우산꽂이에 사람이 접근한 것을 감지하면(물론 동작이 아닌 사람의 존재를 감지하는 센서라도 무방하다) 스마트폰이 인터넷을 통해 일기예보 정보를 가져오고, 그 정보에 기초하여 LED 조명을 켜는 것이다. 즉 사람이 PC나 스마트폰의 화면에 무언가 입력하는 것이 아니라 화면 밖에서 입력이 이루어지는 셈이다. 센서가 사람의 동작을 센싱(sensing)하는 덕분이다.

스마트의 의미

여기서 말하는 센싱이란 센서로 소리·빛·압력·온도 등 물리적 외부 환경 변화를 계측·판별하는 것을 말한다. 중요한 점은 이

장치가 사람의 동작을 감지하여 정보를 알려줌으로써 우산을 가져가느냐, 마느냐 하는 행동 변화를 일으킨다는 것이다. 사람의 행동을 근본적으로 바꾸기는 매우 어렵지만 이처럼 적기에 적절한 정보를 알려주어 우산을 챙기는 정도의 행동을 일으키는 것은 어렵지 않다.

나는 이렇게 사람의 행동을 변화시키는 일에 스마트라는 이름을 붙이고 싶다. 스마트폰을 비롯하여 스마트워치, 스마트하우스, 스마트그리드[01] 등 다양한 단어 앞에 붙는 스마트라는 말에는 과연 어떤 의미가 있을까? 물론 영어 사전에는 '현명하다, 영리하다'라고 나와 있지만 물건의 이름 앞에 붙은 스마트에는 어떤 의미가 있는지 다시 한 번 생각해보자.

흔히 여성이 차에 타거나 방에 들어갈 때 레이디퍼스트를 의식하여 재빨리 문을 열어주는 남성을 스마트하다고 말한다. 이것은, 그 남성이 안으로 들어가려는 여성의 동작을 감지(센싱)하고 문을 재빨리 열어준 덕분에, 여성이 문을 직접 여는 조작을 하지 않고 자연스러운 동작으로 안에 들어갈 수 있게 된 것을 의미한다. 이렇게 조작을 최소한으로 줄이고 자연스러운 동작을 촉진하는 것이 '스마트'가 아닐까?

---

01 기존의 전력망에 정보기술(IT)을 접목하여 전력 공급자와 소비자가 양방향으로 실시간 정보를 교환함으로써 에너지 효율을 최적화하는 차세대 지능형 전력망이다.

최근 들어 아이폰에 지문 인증 기능이 추가되었는데 이것도 이 전에 비해 상당히 스마트해진 기능이라고 생각한다. 지금까지는 사생활 보호를 위한 화면 잠금을 해제하려면 네 자리 숫자를 입력 하거나 패턴을 그리는 등의 손가락 조작이 필요했다. 그러나 이제 는 스마트폰이 소유자의 엄지 지문을 자동으로 인식하므로, 평소 처럼 스마트폰을 손으로 쥐기만 해도 화면 잠금이 해제된다.

이처럼 의식적인 조작을 자연스러운 동작으로 바꿈으로써 인 터페이스로 인식되지 않는 인터페이스를 실현하는 것이 '스마트 화'라고 생각한다. 다시 말해 너무 자연스러워서 인터페이스를 알 아채지 못하는 시스템이야말로 이상적인 시스템이다. 그런 의미 에서는 스마트화보다 내추럴화라는 말이 더 잘 어울릴지도 모르 겠다.

그러고 보니 앞에서 등장한 우산꽂이 역시 조작을 줄였다는 의 미에서 스마트 우산꽂이라고 불러도 무방할 듯하다.

참고로 KDDI는 우산꽂이와 동시에 스마트 쓰레기통인 더스 트 빈(Dust bin)도 출시했다. 이 쓰레기통은 우산꽂이와 똑같은 시 스템을 활용하여 쓰레기 수거일을 LED 조명으로 알려준다. 우산 꽂이보다는 조작이 조금 번거로워서, 사용자가 자신이 사는 지역 의 가연성 쓰레기, 불연성 쓰레기, 재활용품 등 쓰레기 수거 요일 을 스마트폰에 미리 등록해야 한다. 이에 따라 가연성 쓰레기를 버 리는 날은 빨강, 불연성 쓰레기를 버리는 날은 파랑색 불이 들어오는 식인데 이사할 때마다 데이터를 갱신해야 하는 것도 약간 불편하다. 쓰레기통 자체가 인터넷에 접속하여 쓰레기 수거일을 학습하는 인공지능 같은 기능은 아직 없다.

이 쓰레기통은 앞의 우산꽂이가 인터넷의 일기예보 정보를 자동으로 가져오는 것에 비하면 자연스러움이 조금 떨어진다. 하지만 쓰레기 수거 요일이 게재된 사이트가 지자체별로 따로 있지 않고 한곳으로 취합된다면 자동 정보 취득도 분명 가능해지리라 생각한다. 여담이지만 이럴 때마다 오픈 데이터의 필요성을 절감한다.

구글이 거액으로 사들인 온도조절기 제조사

갑자기 우산꽂이와 스마트에 대한 이야기를 꺼내서 다소 당황스러웠을지도 모르지만 3장의 주제인 IoT를 본격적으로 논하기 전에 스마트의 의미를 정리해두는 편이 좋을 듯해서 그렇게 했다. 이어 이번 장에서는, 물건을 넘어선 사물의 수익화라는 새로운 비즈니스의 방향을 IoT의 관점에서 생각해보려 한다.

그러면 IoT는 현재 일반적으로 어떻게 받아들여지고 있을까?

이에 대해 많은 사람이 다양한 물건이 인터넷에 연결되면 생활이 더 편리하고 효율적으로 변할 것이라고 이야기한다.

IoT의 사례로 자주 등장하는 것이 서모스탯(thermostat : 자동온도 조절장치)인 네스트(Nest)다. 서모스탯은 실내 온도 조절 등 건물의 공기 조절 기능을 통합적으로 관리하는 기기다. 방마다 에어컨이 달려 있는 일본에는 흔하지 않지만 집 전체의 온·습도를 통째로 관리하는 것이 보통인 미국과 유럽의 가정에는 많이 보급되어 있는 물건이다.

그런데 2014년, 구글이 이 서모스탯 네스트를 개발·제조하는 미국의 네스트 랩(Nest Labs)을 32억 달러라는 거액으로 인수했다. 그 결과, IoT로서의 서모스탯에 큰 관심이 쏠리기 시작했다. 많은

장차 스마트홈의 허브로 활용될 서모스탯 네스트

사람이 인터넷 강자인 구글이 거금을 들여 매수한 데에는 무언가 의도가 있을 것이다, 그것은 바로 서모스탯과 인터넷을 연결하는 IoT일 것이라고 추측했기 때문이다.

과연 네스트는 어떤 기능을 할까? 원래 서모스탯은 집 안 온도를 조절하는 장치로, 실내 온도가 사용자가 설정한 쾌적한 온도에 도달할 때까지 에어컨과 히터를 수시로 조절한다. 게다가 네스트는 사용자의 행동을 인공지능으로 학습함으로써 가장 효율적인 방법을 찾아내, 스스로 온도를 조절한다. 처음에는 사람이 수동으로 온도 조절을 해야 하지만 네스트가 쾌적하고 효율적인 방식을 찾아내면 서서히 자동으로 바뀌게 된다.

네스트 랩은 네스트를 이용하면 전기요금 또는 가스요금을 20%쯤 절감할 수 있다고 말한다. 전부 자동으로 조절해주는 데다 비용도 20%나 절약해준다면 개인에게나 사회에게나 큰 이득이 되는 물건임에 틀림없다.

물건과 물건을 연결하는 네스트

이처럼 서모스탯이 인터넷에 연결된 덕분에 효율적이고 편리한 온도 조절이 가능해졌다. 그렇기 때문에 '서모스탯은 IoT다'라고 생각할지도 모르겠다. 그러나 네스트 랩이 단순한 서모스탯 제조사였다면 구글은 그런 큰 비용을 투자하지 않았을 것이다. 구글은 스마트홈, 즉 집의 허브(중심)로 네스트의 서모스탯을 활용하려 하고 있다.

네스트에는 다양한 센서가 포함되어 있다. 습도와 온도를 측정하고 거주자에게 적합한 환경이 어떤 것인지 학습하는 외에도, 모션 센서와 광선 센서 등으로 거주자의 외출 시간과 귀가 시간도 학습할 수 있다. 따라서 구글은 네스트를 통해 쾌적한 실내 환경을 조성하고 전기료, 가스비를 절감할 뿐만 아니라 네스트로 집 안에 축적된 각종 데이터를 해석하고 다양한 물건을 서로 연결시킴으로써 생활 전반을 스마트화하려고 노력하고 있다.

네스트 랩은 또한, 네스트를 허브로 삼아 외부 기업의 다양한 물건을 서로 접속시키는 '워크 위드 네스트(Work With Nest)'라는 서비스를 내놓아 좋은 평가를 받고 있다.

예를 들어 자동차라면, 네스트가 자동차 안 GPS의 위치정보를 습득하여 사용자가 집에 돌아올 때쯤 실내가 쾌적해져 있도록 온도를 미리 조절할 수 있다. 사람의 몸에 붙이는 활동량 측정계 등 소위 웨어러블 기기라면, 네스트가 그 기기에 축적된 사용자의 일상적 취침 시간과 기상 시간을 학습하여 사용자가 일어나기 전에 실내 온도를 쾌적하게 조절하고 조명을 서서히 밝혀 잠을 깨울 수 있다. 그야말로 네스트의 센싱 기능을 활용하여 사람의 조작을 최소한으로 줄임으로써, 일상적이고 자연스러운 동작으로도 쾌적한 환경을 실현할 수 있게 만들려는 것이다. 이것이야말로 스마트화다.

이렇게 네스트가 허브가 되어 물건과 물건을 접속시킴으로써 사용자에게 쾌적하고 효율적인 환경을 제공할 수 있다면, 제조사와 사용자 양측에 큰 이득이 될 것이다.

물건에서 사물로

지금까지 언급한 사례로 봤을 때, 물건에 인터넷을 집어넣어 생활을 더욱 편리하고 효율적으로 만드는 것이 IoT라는 설명에는 동의하기 어렵다. 이것은 스마트하우스에 대한 설명과 별반 다르지 않기 때문이다. 그래서 이제부터 본격적으로 IoT에 대한 이야기를 해보려 한다(늘 서론이 긴 책이라 미안하지만). IoT는 물건의 인터넷, 그 이상이다. IoT의 목표는 물건과 물건을 접속시켜 사물(things)의 새로운 가치를 창출하는 것이다.

네스트가 만든 러시아워 리워드(rush hour rewards) 프로그램을 예로 들어보자. 이것은 전력 사용이 특정 시간에 집중되는 것을 막기 위해 각 가정의 공조 설비 등을 원격으로 제어하는 프로그램이다. 이 프로그램에 참여한 네스트 이용자는 얼마간의 현금 보상을 받을 수 있다. 여기까지 들으면 일견 전력 회사가 손해를 볼 것 같지만 사실은 전력 회사도 이득이다. 전력 회사는 최대 전기 사용량에 맞춰 설비 투자를 하므로 최대 사용량이 줄어들면 투자 규모도 줄어들 것이고, 결과적으로 비용이 줄어드는 것이다.

거듭 설명하지만 네스트의 원래 목적은 거주자가 원하는 쾌적한 환경을 만드는 것과 전력 소비를 효율화하여 비용을 줄이는 것이다. "드릴을 사는 사람은 드릴을 원하는 것이 아니라 구멍을 뚫기를 원한다"는 말이 있다. 이처럼 사용자는 네스트라는 물건이 아니라 쾌적한 환경과 비용 절감이라는 결과를 원한다. 그래서 네스트는 "비용을 줄이고 싶다"는 소비자의 요구에 대해 "네스트의 리워드 프로그램을 이용하면 이런 이득이 있다"고 응답한 것이다.

또 잘 생각해보면, 이 러시아워 리워드 프로그램에는 전력의 선물거래 시장에서 유리한 위치를 선점하려는 구글의 의도도 반영되어 있는 듯하다. 네스트가 대량으로 축적된 전력 소비량 데이터를 클라우드상에서 분석·학습한다면 충분히 가능한 일이다. 그뿐만 아니라, 네스트가 무엇을 센싱하고 어떤 데이터를 모으느냐에 따라, 구글은 전력 시장의 동향도 어느 정도 추측할 수 있을 것이다.

센싱이 서비스화를 가속한다

IoT 제품이 아직 대중화되기 전이라 사례가 많지는 않지만 아래 사례에서 보듯 사물의 관점에서 생각하면 IoT의 의미를 쉽게 이해할 수 있다.

예를 들어 어떤 사람이 평일에 항상 자동차를 이용하여 통근한다는 사실을 센서를 통해 알아냈다고 하자. 그렇다면 이 사람에게 필요한 것은 집에서 회사까지 쾌적하게 데려다주는 서비스일 것이다. 그러므로 그에게 매일 같은 시간에 집으로 데리러 가서 회사에 데려다주는 합승 서비스를 추천한다면 받아들여질 가능성이 높다. 생각하기에 따라서는, 언젠가 자동차 회사 역시 자동차라는 물건을 파는 제조사가 아니라 무언가를 한 곳에서 다른 곳으로 이동시키는 서비스를 파는 서비스 회사가 될지 모른다.

또 쉬운 예로 몇 년 전에 등장한 전기주전자를 통한 노인 돌봄 서비스를 들 수 있다. 이 서비스를 이용하면, 노인이 인터넷 무선통신기가 내장된 전기주전자로 물을 끓일 때마다 멀리 떨어진 가족에게 부모님이 무사하다는 정보가 전달된다. 이들은 차를 마시기 위해 물을 끓이는 행동을 무사함을 알린다는 입력으로 활용함으로써, 전기주전자라는 물건과 함께 노인의 안부를 전달하는 서비스를 제공하여 월별 이용료 수입을 얻고 있다. 센서가 저렴해진 데다 인터넷과 접속하는 기능이 추가된 덕분에 이러한 서비스가 가능해졌다.

비즈니스의 중심이 제품에서 서비스로 바뀐다는 이야기는 전부터 나왔지만 IoT의 보급으로 센싱의 정확도가 높아지면 그 가능성이 단숨에 표면화될 것이다.

고양이를 위한 IoT 서비스

전기주전자와 노인의 조합도 재미있지만 자동 급식기와 고양이를 조합한 IoT 서비스도 재미있다.

주인공은 미국에서 만들어진 고양이용 자동 급식기, 'CATFi'다. 이 제품의 제작사는 2014년에 'BISTRO'라는 개발명으로 인디고고에서 10만 달러 목표의 크라우드 펀딩을 실시한 결과, 24만 달러의 자금 조달에 성공했다.

이 급식기는 본체의 탱크에 비축된 먹이와 물을 고양이에게 자동으로 준다. 여기까지는 흔한 자동 급식기와 다름없지만 그 다음이 재미있다. 우선 먹이와 물이 들어 있는 트레이 안쪽에 카메라가 달려 있는데 이것이 고양이의 얼굴을 구분하므로 각자에게 알맞은 양의 먹이와 물을 줄 수 있다. 여러 고양이를 기르는 집이라면

이 기능이 무척 편리할 것이다.

또 이 급식기는 고양이 각자가 매번 먹이와 물을 얼마나 먹었는지 기록하고, 트레이 앞에 내장된 체중계로 고양이의 체중을 측정한다. 그리고 그 체중 정보를 바탕으로 다음번의 먹이와 물의 양을 조절한다. 또 이렇게 기록된 체중과 식사량 등의 데이터는 전용 스마트폰 애플리케이션으로 전송된다. 사용자는 이 데이터를 하루 단위, 일주일 단위의 그래프로도 볼 수 있다. 그야말로 자동 급식기가 센싱을 활용하여 고양이의 건강을 관리해주는 것이다.

그 외에도 주인들이 좋아할 만한 기능이 몇 가지 있다. 먼저, 카메라가 촬영한 고양이의 영상을 스마트폰으로 모니터하거나 내장된 스피커와 마이크로 고양이와 대화(?)를 나눌 수 있다. 따라서

고양이용 자동 급식기 CATFi

여행이나 출장으로 집을 비울 때도 집에 있는 고양이의 모습을 볼 수 있으므로 안심이 된다.

이 CATFi의 예약 가격은 199달러, 일반 판매 가격은 249달러다. 만약 이 자동 급식기가 대중화되면 센싱 데이터가 축적되어 고양이 건강관리 서비스의 정확도가 올라갈 것이고, 그러면 이것을 정식 서비스 상품으로 만들어 월 이용료 수입을 얻을 수 있다. 즉 물건뿐만 아니라 일까지 포함한 'Thing'으로 진화하는 것이다.

유감스럽게도 현재 이 서비스는 자동 급식기 구매자의 특전인 것처럼 여겨지지만 향후에는 고양이의 건강관리 서비스가 오히려 주류가 될 수 있다. 그렇게 되면, 휴대전화나 스마트폰을 거의 무료에 가까운 가격으로 판매한 뒤 통신료로 수익을 올리는 통신 업체처럼, 자동 급식기를 무료로 나누어주고 서비스 수익을 올리는 방식으로 비즈니스 모델이 바뀔 것이다.

고양이용 자동 급식기를 사람이 쓰는 냉장고로 바꾸어 생각해도 마찬가지다. 물론 센싱 기술이 좀 더 발전되어야겠지만 냉장고 안의 식재료를 분석하여 건강한 식생활을 제안하는 서비스, 특정 식재료가 떨어졌을 때 온라인 슈퍼마켓과 편의점에 자동으로 배달을 의뢰하는 서비스 등, 생각해보면 서비스의 가능성은 무궁무진하다(지금은 공상에 불과할지라도). 그렇게 되면 냉장고는 단순히 식품과 음료를 차게 보관하는 가전제품에 머무르지 않게 될 것이다(참고로, 업계에서 IoT에 관련한 냉장고 이야기를 금기시한다기에 일부러 한번 들춰내보았다).

웨어러블의 본질

애플 워치(Apple Watch)로 유명한, 사람의 몸에 붙이는 웨어러블 전자기기도 본질적으로는 마찬가지다. 정식 명칭은 웨어러블 컴퓨터지만 아무래도 이를 스마트폰의 연장으로 생각하는 사람이 많을 것이다. 그러나 웨어러블은 메시지 송수신이나 통화를 위한 기기가 아니다. 손목에 두르는 운동량 측정계를 생각하면 이해가 쉬울 텐데 웨어러블의 주된 목적은 사람의 동작과 신체의 상태를 센싱하여 데이터화하는 것이다.

현재 웨어러블은 PC에 접속하거나 블루투스 등을 통해 스마트폰에 접속하여 데이터를 송신하는 기능을 주로 한다. 그러나 이런 데이터가 클라우드 인터넷에 순조롭게 축적되는 것이야말로 웨어러블의 진정한 출발점이라 할 수 있다.

클라우드상에 축적된 데이터가 인간의 건강관리에 도움이 될지, 병의 조기 발견에 도움이 될지, 지금 단계에서는 전혀 모른다. 하지만 그 가능성은 무궁무진하다. 만약 걸음걸이를 바꾸고 나서 체중이 줄었다면 다이어트에 효과적인 걸음걸이를 발견한 셈이다.

마찬가지로 요통을 완화하는 걸음걸이도 있을지 모른다. 걸음걸이에 대한 데이터가 축적되면, 언젠가 웨어러블 기기가 자신에게 알맞은 걸음걸이를 추천해줄 수도 있다. 즉 데이터 축적으로 생각지 못한 것을 발견할 가능성이 높아진 것이다. 어쨌든 확실한 것은 데이터의 양이 많을수록 좋다는 것이다. 내 지론에 의하면 양은 결국 질로 전환되게 마련이다.

또 물건과 일을 포괄하는 진정한 사물화는, 센서가 인간의 몸을 센싱하는 데 그치지 않고 위치정보와 기온, 습도 등 외부 환경까지 센싱해야 비로소 이루어질 것이다. 그 방대한 센싱 데이터에 페이스북의 소셜 그래프 등에 의한 인간관계의 변수를 조합하여 분석하면 어떤 결과가 나올까? 어쩌면 웨어러블이 내 심장박동 수와 위치 정보를 조합해보고, 내 취향에 딱 맞는 이성을 만날 확률이 높은 장소를 지정해줄지도 모른다(그다지 진지하게 하는 말은 아니다).

지금은 웨어러블을 신체의 연장이나 가상현실에 등장하는 물건으로 생각하여 별 관심을 갖지 않는 사람이 많은 듯하다. 그러나 웨어러블을 독립된 하나의 장르가 아닌 IoT의 일부로 생각한다면 그 본질을 더 잘 이해할 수 있을 것이다.

IoT와 스마트화를 혼동하지 말 것

나는 이처럼 물건이 인터넷에 접속하여 사물로 변하는 것을 '사물화'라고 부른다. 이것이야말로 IoT의 본질이다. 그러나 보통 사람들은 IoT를 물건이 인터넷에 접속되어 편리하고 효율적이고 스마트해지는 것이라고 생각하기 쉽다.

그 오해를 풀기 위해, 대표적인 IoT의 사례를 몇 가지 소개하겠다.

미국 시카고는 시 단위로 IoT를 적극적으로 도입하는 중이다. 일례로, 신호등과 가로등에 달린 센서가 매일의 교통 상황을 모니터하므로 교통정체가 미연에 방지된다. 또 도로변의 쓰레기통에 달린 센서로 쓰레기가 얼마나 쌓였는지를 인터넷으로 확인할 수 있으므로 쓰레기 회수용 트럭의 운행 효율이 높아진다. 소위 스마트 시티를 실현하기 위해 다양한 IoT가 활용되고 있다.

일본에도 IoT가 비즈니스로 실용화된 사례가 있다. 음료수 자판기의 제조와 판매, 관리를 주로 하는 한 기업이 슈퍼마켓 등에 설치된 자판기 안에 판매량과 기기 상황을 센싱하여 통신으로 전송하는 시스템을 구축했다. 예전에는 자판기가 있는 점포에서 재고를 확인하여 팩스 등으로 통보해야 했지만 이 일을 센서가 대신하게 되자 점포의 업무 부담이 대폭 줄어들었다. 또 상품 보충과

관리 작업이 적기에 이루어지는 데다, 고장도 즉시 알아채고 수리해주므로 고객 만족도 역시 무척 향상되었다고 한다.

농업에서도 비슷한 시스템을 도입하려 하고 있다. 와카야마 현의 귤 농장에서 후지쓰가 주축이 되어 실시하는 실험에서는, 센서가 매일의 기온과 강수량, 토양 온도 등을 감지하여 적절한 시기에 필요한 작업을 할 수 있도록 알려주는 시스템을 도입하려 하고 있다. 또 숙련된 농사꾼의 농사 패턴을 데이터화함으로써 시기별 작업을 효율화·표준화하고, 경험이 적은 농사꾼을 교육하려는 시도도 이루어지고 있다.

사례는 이 외에도 많지만 그중 대부분은 아직 스마트화 수준에 머무르고 있는 것으로 보인다. IoT를 물건의 인터넷으로 생각하다 보면 아무래도, 물건이 인터넷에 접속되면 모두 IoT라고 단정 짓기 쉽기 때문이다.

인더스트리4.0이란 무엇인가

제조업과 IoT 이야기를 하다 보면, 아무래도 새로 등장한 '인더스트리4.0'이라는 말을 빠뜨릴 수 없다. 이것은 좁은 의미의 IoT라고 불리는 것으로 '제4차 산업혁명'을 의미하며, 독일의 산·관·

학이 제휴하여 추진하는 제조업의 새로운 방법을 일컫는다.

18세기 후반에 탄생한 증기기관 등의 동력에 의한 공장 기계화를 제1차 산업혁명이라 했을 때, 현재의 변화는 네 번째 산업혁명에 해당한다.

제2차 산업혁명은 19세기 후반에 전기를 쓰는 공장이 등장하면서 일어났는데 이때 미국의 자동차 회사 포드는 컨베이어 벨트를 도입하여 대량생산을 시작하기도 했다. 제3차 산업혁명은 컴퓨터 등 전자 기술이 도입된 데 따른 공장의 자동화였다. 이때 인간을 대신할 산업용 로봇 등이 공장에 투입되었다.

마지막 제4차 산업혁명은 소위 스마트 공장으로의 변화다. 이는 제조업 공정 일체에 관한 데이터를 네트워크화함으로써 자율적으로 움직이는 공장을 만들려는 시도다. 간단히 말해 이 혁신은 공장의 생산라인에 센서를 다는 것이다. 그 센서로 생산라인을 감시하고 작업 진척 상황을 확인할 뿐만 아니라, 자동으로 라인을 교체함으로써 하나의 생산라인에서 다른 제품을 동시에 만들어낼 수 있다.

그러나 생산이 자동화된 스마트 공장을 실현하려면 한 가지 조건이 만족되어야 한다. 언제든 라인 교체가 가능하도록 공장을 모듈화해야 한다는 것이다. 여기서 말하는 모듈화는 앞서 제2장에서 물건 제조를 설명할 때 등장한 모듈화와 동일한 개념이다. 즉 물건을 제조하는 공장 자체가 모듈의 조합으로 이루어진 하나의 통합

시스템이어야 한다.

앞에서 모듈에 관해 했던 설명을 떠올려보자. 블록처럼 자유롭게 조립·교체해도 상호 영향을 주지 않도록 하려면 인터페이스를 규격화해야 한다. 근거리 무선 통신에는 블루투스라는 식으로, 각각의 부품을 어떻게 연결시킬지 미리 정해두어야 하는 것이다.

──◦ '공장의 IoT화'라는 말이 야기한 오해 ◦──

따라서 인더스트리4.0을 실현하는 데 가장 중요한 요소는 공장과 공장 설비의 '표준화'라고 할 수 있다. 모든 공장이 생산라인을 스마트하게 움직일 수 있게 하려면, 우선은 공장 내 모듈과 모듈을 연결하는 규칙을 정할 필요가 있다.

이것이 표준화의 1단계다. 독일 공학아카데미(Acatech)의 보고서에 따르면 표준화에는 네 단계가 있다. 우선 1단계는 제조기기끼리, 모듈끼리 연결하기 위한 표준화다. 다음은 제조장치를 제어하는 컨트롤러의 표준화이고, 그 다음은 제조라인별, 또 공장과 공장을 연결하는 정보의 표준화이며, 마지막이 원가와 생산성 등 경영정보의 표준화다.

인더스트리4.0이란 제조업의 역사적인 산업혁명임에는 틀림없다. 그리고 그것을 실현하기 위해서는 모듈화와 마찬가지로, 공장 자체를 모듈화할 필요가 있다.

여기서 제조업의 변화 구도를 쉽게 이해하기 어려운 이유는, 이 인더스트리4.0이 공장의 IoT화로 표현될 때가 많기 때문이다. 실제로 인더스트리4.0은 '자율적 공장', 즉 공장이 자동으로 효율화하여 생산공정을 바꾸는 스마트화에 가까운 변화를 지향하고 있다. 그러므로 인더스트리4.0에는 내가 말하는 광의의 IoT, 즉 사물화를 포함하는 개념이 아닌 물건의 인터넷, 즉 좁은 의미의 IoT가 들어맞을 것이다.

그런데 인더스트리4.0을 주도하는 독일 공학아카데미의 회장 헤닝 카거만(Henning Kagermann)은 인터뷰에서 다음과 같이 말했다.

> 인더스트리4.0을 논할 때는, 자동화와 인터넷 접속뿐만 아니라 제조사가 고객에게 제공하는 서비스까지 생각해야 합니다. 향후 제조사는 축적된 고객 데이터를 통해 고객의 문제를 알아차리고, "당신은 이런저런 문제를 갖고 있군요. 우리가 해결해 드리겠습니다"라며 능동적인 서비스를 제공하게 될 것입니다.
>
> 《인더스트리4.0의 충격(インダストリー_4.0の衝撃)》, 25쪽)

인더스트리4.0의 제창자이기도 한 카거만이 제조업의 현장인

공장의 혁명을 넘어선 듯한, 물건에서 서비스로 변하는 사물화를 언급한 탓에 인더스트리4.0의 본질에 대한 오해가 발생할 수 있다는 것이 내 솔직한 느낌이다. 이 발언은 인더스트리4.0은 협의의 IoT이기는 하지만 모두가 지향하는 방향은 같다는 뜻이리라 생각한다.

애플, 아마존, 구글이
수익을 내는 방법

정치가인 고이즈미 신지로[小泉進次郎]는 자동차에 관한 어떤 컨퍼런스에서 다음과 같은 말을 했다.

구글, 애플과 자동차 회사의 결정적 차이는 비즈니스 모델에 있습니다. 자동차 회사의 경우 판매량이 이익을 결정하지만 구글과 애플은 판매량과는 그다지 관계없이 서비스 등의 영역에서 이익을 내는 것으로 보입니다.

(2015년 7월 27일 개최, HIP컨퍼런스, 강연록 1권에서)

정확한 판단이라고 생각한다. 고이즈미와 컨퍼런스(각기 다른 강의를 맡아 진행했지만)에서 만나 개인적으로 이야기할 기회가 있었는데 그때도 그는 제조업이 아닌 인터넷 업계가 IoT를 주도하는 이유를 잘 이해하고 있었다. IoT는 그야말로 물건을 팔아서 이익을 남기는 것이 아니라 서비스로 이익을 얻는 기술이라는 것이다.

애플과 구글은 스마트폰을 팔아서 이익을 남길까? 분명 애플에는 자사의 간판 상품인 아이폰과 아이패드, 맥이 있으며, 특히 맥의 판매량은 이익으로 직결된다. 그러나 애플에서 이익률이 가장 높은 부문은 음악과 영화 등 디지털 콘텐츠를 판매하는 아이튠즈, 그리고 애플리케이션을 판매하는 앱스토어다.

더욱이 구글은 원래부터 자신들의 단말기인 넥서스(Nexus)에 그다지 집착하지 않는다. 그 대신, 자사에서 개발한 모바일용 OS인 안드로이드를 스마트폰 회사에 무상으로 제공하는 데 오히려 집중한다. 검색엔진의 광고 수입이 회사 수익의 대부분을 차지하므로, 구글의 검색엔진이 기본 애플리케이션으로 쓰일 가능성이 높은 안드로이드 OS를 최대한 확산시키는 것이 더 중요하기 때문이다. 구글은 애플처럼 디지털 콘텐츠 및 애플리케이션을 판매하는 구글 플레이 스토어에서도 많은 판매 수수료를 얻고 있다.

더 단적인 예는 전자 서적이다. 아마존은 전자 서적을 열람하는 킨들(kindle)이라는 단말기를 판매하는데 과연 이 단말기 판매에서는 수익이 나고 있을까? 한 대에 1만 엔 정도 되는 이 기기로 아마존이 수익을 내기란 거의 불가능하다. 대신 아마존은 킨들의 사용자에게 전용 전자 서적을 연간 1만 엔 이상 판매하며, 이때 발생하는 출판사 측 수수료를 주 수입원으로 삼고 있다. 물건을 판매하여 이익을 내는 것이 아니라, 물건에 애착을 갖고 오래 쓰게 한 후 그 서비스에서 수익을 얻는 것이다.

인터넷적 사고방식이란

내가 제조업의 새로운 주자인 메이커스에게 기대를 거는 이유는, 향후 IoT의 제품 개발이 진전되었을 때 인터넷 비즈니스의 새로운 흐름을 이어받을 사람이 필요하다고 느끼기 때문이다. 물건이 아닌 사물로 수익을 내려면 인터넷적 방식으로 논리적 사고를 하는 사람이 필요하다.

그렇다면 인터넷적 사고방식이란 무엇일까? 서론에 등장했던 '아와바' 이야기를 기억하는가? 회전율에 관한 기존 음식점의 상식에서 벗어나 '체류 시간이 길어지면 이익도 오른다'는 가설을 세우고 검증한 이야기를 했는데 이것도 인터넷적 사고에 기초한 실험이었다. 그렇다면 이제 아와바에서 실시했던 많은 실험 중 얼굴 인증 시스템으로 고객의 미소 횟수를 계측했던 실험에 대해 좀

더 자세히 이야기해보자

실험이라고는 하지만 막무가내로 남의 얼굴을 촬영할 수는 없으므로, 손님에게 미리 양해를 구한 뒤 얼굴 인증 시스템으로 미소 횟수를 계측했다. 나는 고객 중 미소를 자주 짓는 사람이 얼마나 많은가를 핵심 경영지표로 삼았다. 매출과 방문 고객수가 아니라, 방문한 고객이 얼마나 자주 웃는지를 측정하고 미소를 더 늘리는 것을 중요한 목표로 삼은 것이다.

인터넷에서 자주 사용되는 비즈니스 용어 중 'KPI'라는 것이 있다. 서론에서도 언급했다시피 이것은 Key Performance Indicator의 약자로, '핵심 경영지표' 또는 '핵심 성과지표' 등으로 번역된다. 즉 이것은 매출이나 이익 등의 비즈니스 목표를 세우는 데 필요한 판단 기준이다. 기존의 음식점 KPI는 매출, 고객수, 주문 단가, 회전율, 원가율, 방문 빈도 등이었다. 미소 횟수를 KPI로 삼아 그것이 매출에 미치는 영향을 측정한 사람은 아마 내가 세계 최초가 아닐까?(미소 짓는 손님이 많은 가게가 좋은 가게인 것은 분명하다. 웃음을 강요하지만 않는다면 말이다).

미소까지 인증하려는 시도는 조금 지나쳤는지도 모르지만 KPI를 이처럼 다양하게 설정하고 검증하는 것은 분명 인터넷적 행동이다. 인터넷 웹사이트의 경우, 사용자의 모든 행동이 기록되며 그것을 분석하는 다양한 도구가 존재하므로 매우 다양한 KPI를 설정하고 분석할 수 있다. 예를 들어 사용자가 어떤 사이트를 통해 방문했는가, 방문할 때마다 우리 사이트에 얼마나 머무르고 얼마나 많은 페이지를 보았으며 얼마나 많은 클릭을 했는가, 또 무언가를 실제로 구입한 비율은 얼마나 되고 어떤 페이지를 마지막으로 하여 다른 사이트로 이탈했는가 등, 수없이 많은 항목을 분석할 수 있다.

IoT의 발전에 따라 변화하는 비즈니스 세계에서는 이런 사고 방식이 더욱 필요해질 것이다. 왜냐하면 센싱에 관해서도, 외부 환경 중 어떤 물리적 변수를 어떻게 취할지 결정하는 일이 가장 중요하기 때문이다. 일례로, 에어컨의 쾌적한 온도에는 외부 기온이 일정한 영향을 미칠지도 모른다. 전기밥솥의 취사 역시 외부 습도에 영향을 받을 수 있다. 직접적 대상물을 센싱하는 경우는 흔하지만 의외로 이와 같은 외부 환경적 요소에 대한 센싱은 아직도 미지의 영역이다. 그중 어떤 데이터를 취하느냐에 따라 다양한 시행착오가 발생할 것이고, 그 과정에서 외부 세계 역시 갱신을 거듭할 것이다.

여담인데 웃음은 인간의 표정 중에서도 입꼬리가 올라가는 등 두드러진 특징이 있어 센서가 판독하기 쉽다고 한다. 웃음만 판별한다면 센싱의 정밀도가 꽤 높은 것이다. 그러므로 이 시스템을 응용하여, 단골손님의 경우에만 웃는 얼굴을 센싱하여 지불을 완료할 수 있게 한다면 재미있을 것이다. 신용카드나 현금이 아니라, "감사합니다"라고 말하며 점원과 자연스러운 웃음을 교환하는 것만으로 결제가 끝난다면 얼마나 멋질까?(쓸데없는 소리였다면 죄송하지만). 참고로 몇십 번, 몇백 번씩 왔던 단골손님이라면 웃음을 감지하는 센서의 정확도가 거의 100%에 달할 것이다. 이것이야말로 조작이 아니라 자연스러운 동작을 통한 입력이 아닐까 싶다[(그래서 다른 회사에 비슷한 서비스가 있는지 궁금해서 찾아보았더니, 알리바바에 '스마일 투 페이(Smile to pay)'라는 서비스가 있어서 깜짝 놀랐다)].

인터넷 접속으로 새로운 발견을

이야기가 약간 논점을 벗어나는 듯하지만 인터넷적 사고방식으로 음식점을 분석하는 재미있는 사람이 있어서 여기에 소개하고 싶다. 음식점 예약 사이트 '토레타'를 만든 나카무라 진[中村仁]이다.

나카무라는 이색적인 경력의 소유자로, 파나소닉과 외국계 광고대리점을 거쳐 2000년에 니시아자부[西麻布]에서 음식점을 개업하여 성공시킨 뒤, 2011년에 요리 사진 공유 애플리케이션 '밀(miil)'을 만들었고, 이어 2013년에는 토레타를 만들었다. 음식점을 경영하던 사람이 예약·고객 관리 시스템을 제공하는 서비스 회사를 창업하다니 참으로 느닷없다.

게다가 나카무라는 토레타의 예약 데이터 약 160만 건을 분석한 결과를 블로그에 무료로 공개해서 나를 놀라게 했다. 그는 원래 음식점 업계에는 무엇을 먹었는가 하는 주문 데이터밖에 없어서 자료 부족으로 고객의 행동을 분석하기 어렵다는 문제의식을 갖고 있었다.

그가 공개한 분석 결과는 매우 흥미로웠다. 예를 들어 신규고객이 같은 음식점을 다시 방문할 확률은 7.11%였다. 100명의 신규고객 중 다시 오는 사람이 7명밖에 되지 않는 것이다. 그러나 두 번 왔던 사람이 세 번 방문할 확률은 24.01%, 세 번 온 사람이 네 번 올 확률은 39.14%, 네 번 온 사람이 다섯 번 올 확률은 50.01%로 점점 높아진다. 한편 예약 취소율과 단골이 될 확률 사이에는 상관관계가 전혀 없었다. 즉 단골이라고 해서 예약을 쉽게 취소하지는 않는 것이다.

그래서 그는 '마일리지 카드를 만들 때는 세 번째와 여섯 번째 방문 시에 보상을 줄 것'을 제안한다. 보통은 10회나 20회처럼 깔끔하게 떨어지는 횟수에 보상을 제공하는 경우가 많지만 데이터 분석에 의하면 단골이 될 확률이 가장 높은 방문 횟수가 세 번째와 여섯 번째였던 것이다. 그는 마찬가지로, 두 번째 방문한 손님이 단골이 될 확률이 높으므로 신규고객보다 두 번째 방문 고객을 더 잘 대접하라고 충고했다. 실제로는 신규고객을 단골로 만들려고 노력하는 음식점이 대부분이므로 이 역시 의외의 결과다.

이처럼 음식점의 예약 수단이 전화에서 인터넷으로 바뀐 것만으로도, 데이터가 축적되기 시작하여 새로운 사실이 속속 발견되고 있다.

메이커스가 만든 인터넷적 물건

메이커스가 만든 제품들에서도 이런 인터넷적 사고를 찾아볼 수 있다.

그중 '휠(WHILL)'은 전방향 타이어를 구비한 전동 휠체어로, 차세대 개인 이동수단을 표방하는 제품이다. 닛산자동차와 소니 출신의 기술자들이 창업한 휠이라는 스타트업이 이 제품의 개발과 판매를 추진하고 있다. 이들은 장애우 또는 고령자뿐만 아니라 다양한 사람이 즐길 수 있는 전동 휠체어를 개발하는 중이며, 2014년에 미국과 일본에서 총 1,100만 달러라는 거액의 자금을 조달하여 주목을 끌기도 했다.

이 휠체어는 사륜구동을 채택하여 잔디밭이나 자갈길 등 험한 길에서도 전진할 수 있는 것이 특징이다. 또 독자적으로 개발한 24개의 소형 타이어를 적용한 전방위 바퀴 덕분에 그 자리에서 빙글

차세대 개인 이동수단인 전동 휠체어 '휠'

빙글 돌 수 있을 정도의 작은 회전 반경을 실현했다. 게다가 조작은 독특한 컨트롤러를 통해 직감적으로 이루어지므로 조종하는 재미도 있다. 여러모로 독특한 이동수단이라 할 수 있다.

더욱 감탄스러운 것은 그 소프트웨어다. 블루투스에 대응하는 것은 기본이고, 사용자는 스마트폰 애플리케이션의 원격 조작을 활용하여 먼 곳에 있는 휠을 불러들일 수 있다. 애플리케이션으로는 최고 속도나 가속도도 조정할 수 있다.

게다가 이들의 생각은 단순한 전동 휠체어에 머무르지 않았다. 향후 휠에는 GPS를 활용하여 위치정보와 노면 상황을 기록하는 센서가 내장될 예정이라고 한다. 즉 휠이 길을 가기만 해도 그 길의 상황이 데이터로 축적되는 것이다. 이런 데이터가 축적되면 지도에 휠체어에 적합한 경로를 표시할 수 있다. 센싱을 이런 식으로 활용할 수 있는 이들은 메이커스뿐일 것이다.

또 제2장에서 등장한 근전의수 제조사 익시는 얼마 전에 차세대 모델 '핵베리(HACKberry)'의 3D 부품 디자인 파일과 소스 코드 등의 설계도를 인터넷에 무료로 공개했다.

이것이 바로 소프트웨어 개발 초기에 널리 시행되어 인터넷을 급성장시켰던 오픈 소스[02] 체제다. 하드웨어 분야도 소프트웨어와 똑같은 일에 도전한 것이다.

'오픈 소스'의 가장 큰 장점은 전 세계의 관심을 집중시켜 그 제품을 개발하고 싶은 사람을 널리 모집할 수 있다는 것이다. 지금은 누구나 물건 제작을 할 수 있는 시대다. 모듈 부품을 구입하고 3D 프린터로 출력하면 웬만한 물건은 만들 수 있다. 이런 환경에서는 '오픈 이노베이션(open innovation)'이라는 말이 있듯이, 자사 기술만이 아닌 외부 기술과 아이디어까지 최대한 끌어모아 제품의 진화 속도를 올리는 것이 중요하다.

들어보니, 핵베리의 개발에 참여하고 싶다는 제안이 이미 세계

<hr>

02 소프트웨어 등을 만들 때 해당 소프트웨어가 어떻게 만들어졌는지 알 수 있도록 일종의 프로그래밍 '설계지도' 소스 코드를 무료 공개, 배포하는 것.

각국으로부터 들어오는 중이라고 한다. 앞으로의 진화가 더욱 기대되는 제품이다.

캐릭터 IoT 제품

최근 나는 DMM.make AKIBA에서 메이커스가 만든 재미있는 물건을 또 하나 발견했다. 좋아하는 캐릭터와의 동거를 실현시켜줄 '게이트박스(Gatebox)'다. 세계 최초의 캐릭터 커뮤니케이션 로봇으로 불리는 게이트박스는 가상의 캐릭터를 독자적인 기술을 활용한 홀로그램으로 현실 세계에 구현함으로써, 그 캐릭터를 동반자로 삼아 함께 살 수 있게 만든 서비스다. 그야말로 내가 좋아하는 캐릭터와 실제로 소통하고 싶다는 오타쿠의 소망을 이루어줄 제품이다.

즉 캐릭터와 함께 생활한다는 점이 중요하다. 그러나 외견상 오타쿠용 완구처럼 보이는 이 게이트박스 안에는 서모스탯의 네스트처럼 다양한 센서가 들어 있다. 사실 이 제품은 내부에 생활의 허브가 될 만한 기능을 충실히 갖추었으므로 일본판 네스트라고 불러도 손색이 없을 것이다.

우선 게이트박스 안에는 캐릭터와의 소통을 위한 마이크와 카

세계 최초의 캐릭터 커뮤니케이션
로봇 '게이트박스'

메라 등이 내장되어 있다. 당연히 캐릭터는 사용자의 행동을 인식한 이후에야 소통을 시작할 수 있으므로 사용자의 행동을 인식하는 시스템이 반드시 필요하다. 또 게이트박스는 와이파이 등 통신용 모듈을 여럿 탑재하고 있어, 집 안의 인터넷과 가전제품 등 다양한 물건에 접속하여 정보를 취득하고 그것들을 제어할 수 있다. 따라서 게이트박스는 "잘 자라"고 말하면 적외선으로 전등과 TV를 꺼주기도 하고, "내일은 몇 시에 깨워드릴까요?"라고 물어보아 알람을 설정해주기도 한다. 또 집을 나설 때 "다녀올게"라고 인사하면 "오늘은 저녁에 비가 올지 모르니 우산을 챙기세요"라고 인터넷으로 알아낸 일기예보를 알려주기도 한다.

게이트박스에는 전용 애플리케이션이 추가될 예정인데 그것도 무척 재미있다. 함께 사는 캐릭터와 스마트폰으로 대화를 주고받을 수 있는 것이다. 스마트폰에 "오늘은 몇 시에 들어오세요?, 조심해서 들어오세요"라는 메시지가 들어온 것을 확인하고 귀가 시간을 알려주면, 캐릭터는 그 시간에 맞춰 불도 켜놓고 실내 온도도 쾌적하게 맞춰놓는다. 캐릭터와의 소통을 통해 스마트홈을 실현하는 것이다(단 게이트박스는 현재 출시 전이므로 개발 과정에서 구체적인 사양은 변경될 수 있다).

미국의 네스트 vs 일본의 게이트박스

사용자의 행동 데이터를 그래프의 형태로 축적하여 사용자의 행동 경향을 학습하는 것을 보면 게이트박스도 네스트와 같은 방향을 지향하는 듯하다. 행동을 학습하여 사용자의 행동 패턴을 예측하기 시작하면, 아무런 지시를 하지 않았는데도 캐릭터가 먼저 말을 걸어올 수도 있다. 그야말로 사용자의 기분을 알아주는 듯한 소통이 이루어지는 것이다.

한편 네스트와 게이트박스의 차이를 비교해보는 것도 재미있을 듯하다.

네스트는 구입과 배송을 거쳐 서비스를 개시한 후에는, 이미 이야기했듯이, 러시아워 리워드 등을 통해 집 안이 아닌 멀리에 있는 전력 회사를 비즈니스 상대로 삼는다. 즉 네스트는 표면적으로는 전력 사용량을 제어하고, 이면에서는 그 제어의 성과를 바탕으로 전력 회사와 거래를 하는 것이다.

게이트박스는 이와는 달리, 처음부터 끝까지 구매자 측에 서비스를 제공하고 대가를 받으려 한다. 창작자가 캐릭터를 게이트박스에 제공하는 대신, 고객으로부터 얻은 수익의 일부를 나눠 받는 비즈니스다. 네스트와 게이트박스는 비즈니스의 방향이 서로 다른 것이다.

또 인터페이스에도 이런저런 차이가 있다. 네스트의 디자인은 세련되어 집 안 어디에 두어도 잘 어울리고 센싱 시스템 역시 사람의 활동을 방해하지 않는 스마트함을 발휘한다. 한편 게이트박스는 사람과 캐릭터를 일부러 소통시킨다. 둘의 대화를 통해 사용자의 기호를 학습하기 위해서다. 특히 이 제품은 스마트홈의 허브에 캐릭터를 부여하여 애착을 갖게 한 점이 무척 독창적이다.

게이트박스는 일견 IoT가 아닌 듯 보이지만 사실은 지금까지 살펴본 사례 중 IoT의 본질을 가장 잘 실현한 제품이 아닐까 싶다.

이 상품을 기획한 윈크루(vinclu)는 원래 스마트폰 액세서리를 만들던 회사지만 제품을 제조하다 보니 IoT에 대한 생각이 점점 깊어져, 더 큰 도전을 하기 위해 이 사업을 기획했다고 한다. 게이트박스는 좋은 의미에서 매우 참신한 물건이라고 생각한다. 분명 아키하바라에 모인 메이커스들이 절차탁마하며 서로 좋은 영향을 주고받는 가운데 이와 같은 돌연변이적 진화가 일어난 것이리라 믿는다.

게이트박스는 2016년 가을 무렵 예약판매가 진행될 계획이라고 하니, 생각이 있는 사람은 한번 검색해보기 바란다.

나라마다 제품의 안전 기준이 다르다

DMM.make AKIBA에서 다양한 IoT 제품을 만드는 동안, 나는 어려운 과제를 하나 발견했다. 그 계기를 제공한 것은 세레보가 만든 멀티탭 '오토(OTTO)'로, 스마트폰에 연동하여 전원을 켜고 끌 수 있는 제품이다. 아름다운 디자인을 채택하여 보여주는 멀티탭을 표방한 이 제품은 8개의 전원 콘센트를 각각 인터넷으로 켜고 끌 수 있다. 즉 스마트폰과 태블릿의 전용 애플리케이션으로 전원을 원격 조작할 수 있으며, 요일이나 시간에 따라서도 전원을 자동으로 켜고 끄게 만들 수 있다.

이 제품은 2015년 4월 발매 이후 핵심 사용자들로부터 좋은 평가를 받았지만 그해 8월부터는 일본 내 판매를 중단하기로 결정했다. 유럽과 미국을 비롯한 해외에서는 계속 판매하면서 왜 일본에

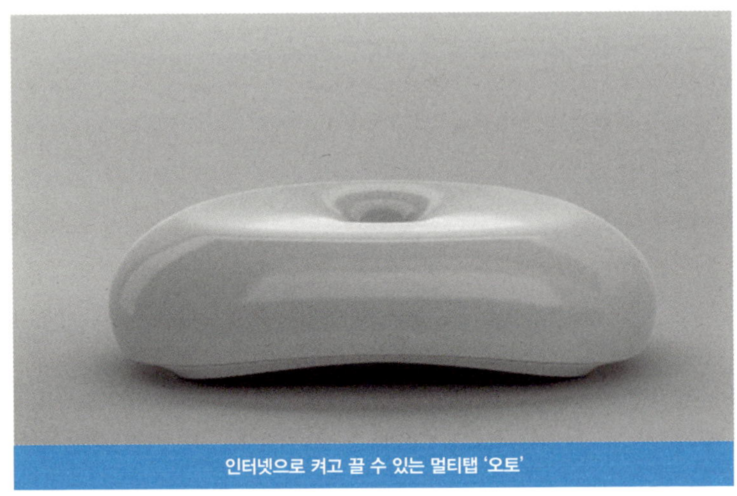

서만 판매를 그만두었을까?

사실 일본에는 '전기용품 안전법'이라는 것이 있어, 인터넷 등 통신회로를 이용하여 전원을 켜고 끄는 제품은 위법이다. 만약 이 제품을 판매하려면, 전기용품 안전법 제8조 1항(기술 기준 적합 의무)에서 지정한 위험 평가를 실시하여 통신회로에 의한 원격 조작 제품으로서의 안전성을 입증해야 한다.

사실 전원을 켜고 끄는 것은 위법이지만 조도를 조절하는 조광기라면 문제가 없다는 이야기를 들었다. 그래서 세레보는 애초에 멀티탭이 추가된 조광기로 오토를 개발한 후, 전기용품 안전법에서 지정한 검사 기관인 JET(재단법인 전기안전 환경연구소)에 연락하여 제품을 발매해도 괜찮다는 답변까지 받아둔 상태였다. 그런데도 결국은 판매를 중단하게 된 것이다. 한 제품에 대한 견해 차이로 벌어진 사건 치고는 피해가 꽤 컸다. 하드웨어이기는 하지만 인터넷에 연결되는 제품이다 보니, 나라마다 기준이 다른 소프트웨어만큼 아니 그 이상으로 규정이 복잡할 수도 있다는 것을 이 일을 통해 깨달았다.

사물의 수익화란 무엇인가

여기까지 스마트화, 인더스트리4.0, IoT 등의 키워드를 통해 향후 비즈니스가 어떻게 변화할지 살펴보았다. 이제 시작 단계라 내용이 약간 추상적이기는 했지만 물건이 인터넷에 접속되는 IoT에 의해 하드웨어 비즈니스가 예전처럼 물건을 팔고 끝나는 제조업에서 물건의 판매를 시작으로 하는 서비스업으로 바뀌고 있다는 사실만은 이해했으리라 믿는다.

마지막으로, 이번 장의 주제인 '사물의 수익화'를 한 번 더 정리해보자. 사물은 물건과 일, 두 가지를 모두 포괄하는 말로, 영어로는 'Things'다.

왜 물건이 일(서비스)을 포함하게 되었을까? 하드웨어에는 PC나 스마트폰처럼 조작하여 입력할 수 있는 화면이 없기 때문이다.

또한 센싱 기술의 향상과 모듈화를 통한 센서 가격의 인하로 화면 밖 사람의 몸, 그리고 외부 환경에서 다양한 데이터를 취득할 수 있게 되었기 때문이다. 이 데이터는 사람의 조작(입력)이 아니라, 사람의 자연스러운 동작과 끊임없이 변하는 외부 환경을 통해 획득된다.

그리고 그 데이터가 인터넷에 집적될수록 하드웨어는 스마트해져 사람의 손을 덜어주고 생활의 효율과 편의성을 높일 것이다. 그리고 그런 데이터가 클라우드상에 집적되고 인공지능에 의해 분석되는 과정을 통해 새로운 가치를 갖게 되면, 그 가치를 활용한 편리한 서비스가 속속 등장할 것이다. 이때 비로소 물건 이외의 사물의 수익화가 시작된다.

물건이 인터넷에 연결되어 사물의 수익화를 촉진하면 제조업과 IT 기업의 경계는 서서히 흐려진다. 그래서 등장한 존재가 바로 메이커스다.

메이커스의 등장으로 진화하는 일본의 모노즈쿠리

덕분에 일본의 독특한 메이커스가 DMM.make AKIBA에 모여

들었는데 놀랍게도 여기 모인 젊은이들 대부분은 대형 제조사에서 근무하다가 창업했다는 특징이 있다. 요즘 들어 모노즈쿠리를 사랑하는 젊은 창업자가 무척 많이 등장하고 있다.

나는 DMM.make의 종합 프로듀서이자 하드웨어 스타트업에 투자하는 투자자로서, 그들이 대기업을 과감히 그만두고 창업하게 된 경위를 종종 듣는다. 그런데 그때마다 느끼는 것이 대기업은 일의 흐름이 늦고 변화에도 뒤처진다는 사실이다. 이 책에서도 말했다시피, 제조업의 전략은 최근 몇 년간 급격한 변화를 겪었다. 그래서 대기업의 현장은 그 속도를 따라가려고 필사적으로 노력하지만 본부의 의사결정 속도가 늦어지는 탓에 좀처럼 변혁에 뛰어들지 못한다.

많은 창업자가 (대기업에서는) 만들고 싶은 물건을 만들 수 없어서 창업했다고 말한다. 모두가 감각 있는 물건, 편리한 물건, 놀랄 만한 물건을 만들려고 노력하지만 대기업에서는 모처럼 나온 참신한 상품 구상도 회의와 부서 간 조정이 거듭되는 과정에서 평범한 물건으로 전락하기 쉽다. 촌스러운 물건, 아무도 놀랄 것 같지 않은 물건, 잠시 쓰다가 버릴 것 같은 물건을 만들고 싶은 사람은 아마 없을 것이다.

최근에는 제작자와 대형 제조사가 협력하는 경우도 점차 많아지고 있다. 이미 소개한 세레보와 파나소닉, 도시바 외에도 그런 사례는 흔하다.

가령 스마트록(Smart Lock) 분야에서는 일본과 실리콘밸리에 거점을 둔 투자 육성 회사 윌(Wil)과 소니가 '큐리오(Qrio)'라는 합병 회사를 만들어 스마트폰으로 문을 여는 도어록 제품을 개발하고 있다. 소니는 이 합병을 통해 스타트업만의 탁월한 의사결정 과정을 공유할 수 있다. 스타트업에서는 성공도 실패도 빠른 것이다(과도기에 놓인 소니로서는 회사 내에 실패 사례를 남기지 않는 합병 회사라는 형태가 필요했을 것이다). 게다가 큐리오는 그 자금을 크라우드 펀딩으로 조달했다. 만약 소니였다면 부품 가격과 재고 부담 때문에 2만 엔 이하의 가격대 또한 실현할 수 없었을 것이다.

한편 스타트업 기업은 이런 합병을 통해 대형 제조사가 오랫동안 축적한 기술력을 획득할 수 있다. 이처럼 서로 부족한 부분을 메워주는 제작자와 제조사의 협력은 일본 이외에서는 의외로 드물다. 특히 수많은 투자자가 모인 실리콘밸리의 경우, 기업은 투자를 받아 규모를 확대하고 기술자는 기업의 구인과 인수·합병을 계기로 모여들기 때문에 일본과는 하드웨어 스타트업의 문화부터 다르다고 보아야 한다.

그런 의미에서, 지금 대기업에서 일하는 사람이라면 과감히 DMM.make AKIBA를 찾아가 물건을 만드는 재미를 느껴보기 바란다. 이곳에는 의욕적인 메이커스가 모여 재미있는 물건을 만들어낸다는 들뜬 분위기가 있다. 분명, 보통 회사에서는 활용조차 할 수 없었던 셋업 감각도 단련될 것이다.

대기업이 축적한 기술 자산, 그리고 스타트업의 탁월한 의사 결정 과정 및 셋업 감각이 한데 합쳐져 새로운 제조업의 생태계를 만들어나가고 있다. 나는 이것이 일본의 모노즈쿠리를 더욱 멋지게 진화시킬 것이라고 믿는다.

IoT 이후의 미래

– 메이커스가 세상을 바꾼다

지금까지 물건의 제조, 물건의 판매, 사물의 수익화라는
세 가지 관점에서 제조업의 변화를 살펴보았다. 이 변화의
근저에는 비즈니스의 방향이 물건 판매에서 서비스 제공
으로 바뀔 것이라는 확신이 깔려 있다. 이번 장에서는 다
소 추상적일지도 모르지만 그 확신을 바탕으로 내가 그려
온 미래상을 이야기하고 싶다.

IoT가 서비스의 정의를 바꾸다

지금까지 물건의 제조, 물건의 판매, 사물의 수익화라는 세 가지 관점에서 제조업의 변화를 살펴보았다. 이 변화의 근저에는 비즈니스의 방향이 물건 판매에서 서비스 제공으로 바뀔 것이라는 확신이 깔려 있다. 이번 장에서는 다소 추상적일지도 모르지만 그 확신을 바탕으로 내가 그려온 미래상을 이야기하고 싶다.

이 책에서는 독자의 이해를 돕기 위해 단순히 서비스라고 표현했지만 내가 상상하는 IoT 서비스는 여러분이 상상하는 기존의 서비스와는 조금 다를 것이다. 이것은 미지의 영역에 대한 이야기이므로, 상상력을 발휘하며 들어주기 바란다.

3장에서 소개했던 서모스탯, 네스트를 기억하는가? 네스트는 실내의 온·습도를 센싱하여 정보화하고, 그 정보를 바탕으로 에어컨의 풍량 및 온도를 조절한다. 그러나 IoT는 그 이상의 서비스

를 제공할 수 있다. 방 안의 어느 곳에 사람이 위치했는지, 그 사람
은 실내 환경을 어떻게 느끼고 있는지도 종합적으로 감지하고 에
어컨을 조절할 수 있다면 그 서비스는 더 큰 가치를 지니게 될 것
이다.

만약 사람에게(실내의 식물에게도) 최적으로 느껴지는 온·습도
환경을 전기요금이 가장 적게 드는 형태로 제공하는 서비스가 생
겨난다면 음식점을 포함하여 그 서비스를 이용할 사용자는 충분
할 것이다.

법적 규제가 있어 아직 곤란하지만 IoT는 개인들 사이의 자원
공유도 촉진할 것이다. 예를 들어 카셰어링의 경우, CAN(Controller
Area Network: 자동차 내부의 전자회로와 각 장치를 접속시키는 네트워
크 규격) 데이터와 주행 기록장치의 정보를 조합하면 이전 사용자
가 차를 어떻게 다루었는지, 차를 빌린 본인이 정말로 운전을 했는
지 알 수 있다. 사고가 났을 때도 상세한 상황 기록을 대여자에게
제공할 수 있게 되므로, 그에 걸맞은 보험 등의 새로운 비즈니스도
생겨날 것이다.

인터넷을 통해 방을 빌려주는 에어비앤비(AirBnB) 등의 경우
에도 IoT를 활용한 스마트록이 있으면 열쇠를 건네기가 편해질 것
이다. 또 앞에서 말한 첨단 온·습도 조절장치가 있다면 방을 빌린
사람이 더욱 쾌적하게 지낼 수 있을 것이다. 또한 청소기가 방의
오염 정도를 센싱하여 알려준다면, 방을 빌린 사람이 청소를 깨끗

이 하고 돌아갔을 때 높은 점수를 부여하거나, 더러운 방에는 할인을 적용하는 등의 방식도 취할 수 있다. IoT의 무한한 가능성 덕분에 내 상상에는 끝이 없다.

즉 사람의 행동 및 동작과 환경 변화를 센싱한 데이터 전체가 서로 이어져 정보화하면 전혀 새로운 가치를 창출할 수 있다. 사물이 서로 이어지는 인터넷에는 이런 미래가 담겨 있다.

IoT 이후

이런 세계가 실현된다면 경제적 가치관도 확 바뀔 것이다. 지금 가장 큰 가치는 물론 돈에 있다. 나 역시 비즈니스 현장에서 돈이 다양한 사물을 움직이고 있음을 시시각각 절감한다. 그러나 사물이 이어지는 인터넷의 세상에서는 인간의 동작과 행위가 더 큰 가치를 지니게 될 것이다.

이는 시급으로 측량되는 아르바이트 노동의 가치와는 전혀 다른 개념이다. 또 사람의 행동에 관한 데이터가 다음의 구매 행동을 촉진한다는 마케팅 가치와도 전혀 다르다. IoT가 실현되면 우리의 평범한 일상생활에서도 중요한 가치가 창출될 것이다.

상상의 세계를 표현하기가 쉽지는 않지만 화폐의 교환보다 행위의 교환이 더 효율적으로 센싱되기 때문에 실시간으로 가치를 창출할 수 있는 세상이 올 것이다.

요즘 로봇이 사람의 일자리를 빼앗을지도 모른다는 이야기를 자주 듣는데 사실 사람이 하지 않아도 되는 일은 원래 그다지 필요 없는 일이 아닐까? 현대의 메이커스도 사람이 상품 기획을 맡고 기계가 조립과 제조를 맡는 것을 당연하게 생각한다(로봇이 일하는 공장은 현실에도 얼마든지 있다).

아직은 사람의 손을 통해야만 높은 가치를 창출할 수 있는 서비스업 역시 이 흐름을 피해갈 수는 없다. 나가사키의 하우스텐보스에 있는 '이상한 호텔'(특이한 이름의 호텔이지만 이것이 정식 명칭이다)에서는 호텔의 기본적 업무 중 체크인과 체크아웃, 시설 안내 등을 로봇에게 맡겼다. 또 방문을 열 때도 얼굴 인증을 하게 함으로써 열쇠 없는 호텔을 실현했다. 미국 샌프란시스코의 '알로프트 호텔(Aloft Hotel)'에서도 수건과 양치 세트 등을 로봇이 제공한다.

아직은 로봇을 이용자들이 신기하게 느끼는 정도라서 서비스 수준은 낮다고 평가되지만 이런 시도가 시작되었다는 것이 중요하다. 기계인 탓에 서비스가 기분 좋게 느껴지지 않는 점 역시, 서비스의 질이 향상되면 서서히 개선될 것이라고 생각한다. 시행착오를 거치다 보면 서비스 품질은 반드시 향상될 것이다.

이처럼 로봇이 노동을 담당하게 되면, 할 일이 없어진 우리 사람은 어떻게 살아야 할까? 그래서 내가 생각해낸 개념이 앞에서 말한 행위의 교환이다. 인간의 행위에 교환 가능한 가치를 매기려면 IoT의 센싱에 의한 피드백 과정이 필요하다. 그 과정을 통해 유일한 가치를 지닌 정보로 변한 행위만이 평가와 교환에 활용될 수 있다. 그러려면 먼저 사람다운 생활을 하는 데 필요한 화폐를 얻기 위한 노동, 그리고 생활을 향상시키는 데 필요한 행위를 얻기 위한 행위를 명확히 구분해야만 한다. 상당히 애매모호한 이야기지만 IoT가 열어갈 미래에는 그런 세계가 펼쳐져 있을 것 같다(이 부분은 생각을 한 번 더 정리할 생각이다).

PC와 스마트폰의 한계

IT에 관한 조사 및 컨설팅 서비스를 제공하는 미국 가트너(Gartner) 사는 IoT 기기가 2015년에는 49억 대로 늘어나고 2020년에는 250억 대까지 늘어날 것이라고 예측한다. IT 분야에는 이런 예측이 종종 등장하는데 사실은 이런 예언들이 현재 상황을 만들었는지도 모르겠다. 그야말로 예언의 자기 성취다. 이런 예언 중 얼마 전까지 가장 화제가 되었던 것이 빅데이터였는데 관점을 바꾸면 그것 또한 IoT의 일부라 할 수 있다.

PC와 스마트폰이 주도해온 세계의 변화는 이제 슬슬 한계에

도달한 듯하다. 사람이 PC와 스마트폰을 쓰는(조작하는) 시간은 인터넷이 등장한 이후 20년간 폭발적으로 늘어났다. 그러나 당연한 말이지만 사람의 시간에는 한계가 있다. 온갖 자투리 시간을 점유한 스마트폰도 더 이상의 확장을 기대하기는 어려우므로, 아무리 애를 써도 점유율 뺏기밖에 되지 않는다. 아프리카나 아시아 등 인터넷 신흥국에 기대를 거는 것도 괜찮겠지만 최근 스마트폰의 가격 인하 속도와 폭발적인 보급 상황을 보면 그 시장은 미국과 유럽보다 더 빠른 속도로 한계에 봉착할 듯하다. 무엇에 미래를 거느냐는 개인의 판단에 맡겨야 할 문제인지도 모르지만 IoT의 무한한 가능성을 느끼는 사람은 일부 투자가만이 아니니 여러분도 진지하게 생각해보기 바란다.

한편 모든 것이 데이터화되다니, 샅샅이 감시당하는 것 같아서 불쾌하다고 하는 사람도 있을 것이다. 사실 그 누구도 보안과 사생활 문제를 피해갈 수 없다. 하지만 모든 판단은 미래를 어떻게 보느냐 하는 태도에 달려 있는 것이 아닐까?

나는 미래를 낙관적으로 본다. 그래서 IoT의 보급으로 새로운 서비스가 속속 실현되면 사람들이 훨씬 자연스러운 상태로 행복하게 살 수 있다고 믿는다.

제3장에서 조작에서 동작으로라는 이야기를 한 것은, 내가 지금의 인터넷에 위화감을 느끼기 때문이다. IoT는 지금 우리가 누리는 편리함과 쾌적함을 좀 더 자연스러운 동작으로 실현하게 해

줄 것이다. 전자기기가 있다는 사실조차 알아채지 못하고 사는 세상이야말로 내가 꿈꾸는 이상향이다. 스마트화가 진전될수록 삶은 더 자연스러워질 수밖에 없다.

모든 것이 인터넷으로 이어지는 IoE

창업한 지 얼마 안 된 스타트업 직원과 이야기를 나누던 중에 재미있는 것을 발견했다. 그가 자신이 그린 미래 예상도를 나에게 보여주었는데 그곳의 도로는 전부 비포장이었던 것이다. 그는 이렇게 말했다.

"길을 포장하는 것은 자동차가 달릴 수 있도록 하고, 비 때문에 길이 젖었을 때도 편하게 걸을 수 있도록 하고, 돌에 걸려 넘어지지 않게 하기 위해서입니다. 그러나 만약 모든 것이 센싱되고 인터넷에 연결된다면, 우리는 비가 내리는 날에 걷기 좋은 길로 인도를 받을 것이고 길에 위험한 무언가가 있으면 다른 경로로 가게 될 것입니다."

이처럼 사람이 의식하지 못하는 사이에 자연스럽게 경로가 바뀌거나 적합한 이동수단이 준비될 테니 도로 포장은 필요 없다는 것이다(그런 세상에서는 도로뿐만이 아니라 신발이나 옷도 달라질 것이고, 심지어 차에 타이어가 붙어 있지 않을지도 모른다).

그래서 문득 깨달았다. 기존의 세상에서 사람은 외부 환경 속에 집을 짓고, 길을 내고, 선로를 놓아 전철을 달리게 하고, 도로를 포장하여 자동차를 달리게 하는 등 다양한 환경을 통제하는 방식으로 살아왔다. 그러나 그가 보여준 미래는 달랐다. 거기에서 사람은 외부 환경을 적극적으로 통제하는 것이 아니라, 오히려 자연스러운 환경을 그대로 유지하면서 사람과 환경을 조화시키려고 노력했으며, 그러기 위해 IoT를 활용했다. 이런 미래에 IoE(Internet of Everything)라는 이름을 붙인다. 다시 말해 모든 것이 인터넷에 연결됨으로써 인간과 환경이 조화를 향해 나아가는 세계다.

극단적인 이야기라고 생각하는 독자도 있을 것이다. 그러나 그의 예상도는 우리가 무엇을 지향해야 할지를 정확히 알려주었으며, 나는 그의 생각에 깊이 공감한다. 나 나름대로 '내추럴화'라고 표현해왔지만 그 말이 어떤 세계관에 기초해 있는지를 그제야 제대로 깨달은 기분이었다. 지배보다 조화를 지향한다는 원칙은 향후 인터넷과 정보기술을 어떻게 활용해야 할지를 우리에게 알려주는 중요한 이정표이기도 하다.

앞으로가 기대되는 제조업

마지막으로 이 책을 잠시 돌이켜보며 미래를 이야기하려 한다. 제1장 물건 판매의 진화에서는, 인터넷과 SNS의 등장으로 전 세계가 이어진 덕분에 재미있는 물건을 만들면 그것을 갖고 싶어 하는 사람에게 그 정보가 효율적으로 전달되게 되었다고 설명했다. 정보의 전달 속도도 매우 빨라졌고, 특히 같은 취미·기호를 지닌 사람들이 인터넷에 커뮤니티를 형성하게 된 덕분에 메이커스가 어떤 물건을 만들어야 할지 판단하기도 쉬워졌다. 물건은 원래 비언어라서 한 지역에만 머물지 않고 세계적으로 전파된다는 이야기도 했다.

제2장 물건 제조의 진화에서는, 모듈화가 모노즈쿠리를 변화시키고 있다는 것, 물건의 가치의 원천이 셋업으로 바뀌고 있다는 것을 설명했고 3D 프린터가 제조 환경에 어떤 변화를 가져왔는지를 살펴보았다.

그런데 제1~2장에서 말한 판매와 제조에 관한 변화의 대전제는 향후 IoT의 보급이었다. 그래서 3장에서는 IoT의 현황을 살펴보았다. 스마트화와 인더스트리4.0 등 모호하고 난해한 말의 의미를 해설하고, 물건과 일의 인터넷이라는 관점에서 IoT의 의미를 알아보았다. 사례는 적지만 IoT가 아직 시작 단계이니, 감안하고 읽어주었을 것으로 믿는다.

제4장에서는 향후 모노즈쿠리에 대한 기대를 담아 IoE라는 추상적인 개념을 설명했다. 인간과 환경의 조화를 지향하는 세계관은 모두가 지향해야 할 세계관이다. 물건의 센서가 동작과 주변환경을 감지하는 것은 다른 이들을 배려하는 이러한 세계관과 흡사하다고 볼 수 있다. 이것이 바로 기술과 전통을 갖고 있는 모노즈쿠리의 미래가 더욱 기대되는 이유다.

하지만 아직도 메이커스와 IoT를 지원해줄 기반 시스템, 그리고 데이터 공유에 필수적인 클라우드 환경이 우리에게는 부족하다. 이런 부족한 클라우드 환경을 구축하기 위해 나는 2015년 8월부터는 창업자의 한 사람으로서 사쿠라인터넷에 복귀했다. 메이커스와 IoT를 지원하는 환경을 만들어놓는 것이 지금 나의 절실한 목표다.

향후 IoT의 발전에는 ①다양한 센서, ②저렴하고도 전력 효율이 뛰어난 통신 환경, ③방대한 데이터를 안전하게 보관할 저장소, ④축적된 데이터를 분석·학습하는 과정, ⑤분석·학습에 기초한 예측, ⑥다양한 형식에 대응하는 API(Application Program Interface: OS나 웹서비스의 기능을 외부에서 이용하기 위한 사양, 응용 프로그램 인터페이스)가 필요하다. 미래에는 이런 조건을 모두 갖춘 클라우드 서비스(우리 회사가 아니라도 좋다)가 많이 생겨나 메이커스를 지원해주기를 바란다.

IoT는 기존의 PC와 스마트폰만으로는 불가능했던 세계를 실현할 차세대 개척자다. 모노즈쿠리는 앞으로가 더 재미있어질 것이다. 여러분도 IoT와 메이커스, 그들이 열어갈 미래에 기대를 걸고 적극적인 행동을 개시하기 바란다. 다가오는 단 하나의 미래를 향하여!

마지막까지 읽어주셔서 고맙습니다. 오가사하라 오사무입니다. 제가 경험하고 느낀 것을 여러분과 나누고 싶은 마음, 또 이 책을 계기로 새로운 무언가가 생겨나기를 바라는 마음으로 집필에 임했습니다. 이 후기에서는 제가 왜 책을 쓰려 했는지를 이야기하려 합니다.

이 《메이커스 진화론》에는 최근 3년간의 저의 생각이 정리되어 있습니다. 3년 전인 2012년 10월, 저는 손태장 씨와 함께 하드웨어 스타트업을 지원하는 회사인 ABBALab이라는 회사를 만들었습니다. ABBA라는 이름은 그와 의논하여 정했는데 서론에서 소개한 것처럼 Atom to Bit, Bit to Atom을 줄인 말입니다. 기존의 인터넷으로는 화면의 제약 때문에 실현하지 못했던 일을 하드웨어, 즉 Atom으로 만들어서 달성하겠다는 뜻입니다.

이 이름처럼, Bit라는 인터넷적 발상으로 태어난 아이디어에 Atom이라는 형태를 부여하고 싶었습니다. 그러려면 웹과 애플리케이션을 만들던 사람들이 하드웨어까지 만들 수 있는 환경과 계기를 마련해야 했습니다. 그래서 새로운 회사를 설립한 것입니다.

그 후 2012년에는 DMM.com의 가메야마 게이시 회장의 협력 하에 DMM.make 프로젝트를 출범시켰고 2013년에는 3D 프린트 서비스와 크리에이터즈 마켓을 열었습니다. 또 2014년에는 DMM. make AKIBA를 설립했으며 2015년에는 DMM.make의 크라우드 소싱(crowdsourcing) 서비스와 스토어를 개시했습니다. 이렇게 한 걸음, 한 걸음 착실히 걸어왔습니다.

그러는 동안 제가 보고 느낀 것들이 이 책에 담겨 있습니다. 크라우드 펀딩을 통해 메이커스가 만든 물건이 팔리게 된 것, 모듈화에 의해 제조업의 본질이 변화하고 있다는 것, 3D 프린터가 현장의 제조 공정을 변혁하고 있다는 것 등 실제로 보고 들은 것을 그대로 옮겼습니다.

그리고 3년이 지난 지금, 어마어마한 파도가 다가오고 있습니다. 다양한 산업을 망라하는 IoT라는 파도입니다. 화면 밖의 인터넷과 "Break the display"라는 말을 통해 제 나름대로 표현했던 세계가 지금 IoT 하나로 집약됨으로써 큰 힘을 발휘하게 된 것입니다.

나는 DMM.com AKIBA가 젊은이가 올라설 무대가 되어주기를 바랍니다. 이로써 모노즈쿠리에 필요한, 제조와 판매의 환경은 정비된 셈입니다. 여기서 세계로 웅비할 슈퍼스타가 태어난다면 정말 기쁠 것입니다.

이렇게 과거 3년을 돌아보며 향후의 과제 해결에 착수하려 합니다. 과제란 IoT의 실현을 위해 데이터를 공유할 클라우드 환경을 정비하는 일입니다. 크라우드 펀딩의 crowd는 대중을 의미하고 클라우드 환경의 cloud는 구름을 뜻합니다. IoT에는 크라우드과 클라우드, 둘 다 필요합니다. 제4장에서도 이야기했지만 클라우드의 정비는 이제 막 시작되었습니다.

인터넷이 등장한 뒤 오랜 시간 동안 사쿠라인터넷 같은 서버들이 구축되어 인프라가 정비된 것처럼, IoT의 인프라도 정비되어야 합니다. 나의 사명은 메이커스가 자유롭게 물건을 만들 수 있는 장을 만드는 것이므로, 이제부터는 그들의 하드웨어가 미래에 전송할 데이터를 효율적으로 공유히고 활용하기 위한 환경 정비에 칙수할 것입니다.

만약 이 책을 읽고 독자 중 누구라도 모노즈쿠리의 변화에 흥미를 느껴 참여하고 싶은 마음이 생겼다면 저자로서 더할 나위 없이 기쁠 것입니다. IoT를 포함한 모노즈쿠리(물건 만들기)와 모노고토즈쿠리(사물 만들기)는 이제 막 출발선에 섰습니다. 무언가 만들고 싶은 마음이 생겼다면 일단 DMM.make AKIBA를 방문해보십시오. 모노즈쿠리에 정열을 불태우는 훌륭한 동료들이 기다리고 있습니다.

그런데 저는 서론에서 성가신 SNS, 아류 게임, 사이비 큐레이션 등 인터넷 업계 분들의 화를 돋울 수도 있는 말을 했습니다(죄송합니다). IoT가 진화하는 동안, 위의 세 가지도 화면을 탈출하여 현실 세계와 긴밀하게 이어지면서 진짜 변해가기를 바랍니다. 저는, 너무 거창하게 들릴지도 모르지만 터치스크린이 아닌 센싱 환경을 활용하여 현실 세계를 무대로 삼는 게임과 미디어가 발명되기를 기대하고 있습니다.

마지막으로 메이커스의 제품을 판매하는 시스템을 만들어보라며 저에게 DMM.make의 설립을 맡겨주신 가메야마 씨,

ABBALab을 공동 설립하여 IoT에 함께 뛰어들어준 손태장 씨, DMM.make AKIBA를 3개월 안에 설립한다는 내 고집을 따라준 사카이 씨, 야마구치 씨, 이노우에 씨 등 노마드(nomad) 직원들, 협력사인 스튜디오 타마슈의 나카가와 군, 프리이지(Freeasy)의 구로키 씨, 구니카타 씨, 스마메의 요시다 씨, 가렛(GARRET)의 호소노 군, 터치미의 미타니 군, 미치쿠사의 데쓰 씨, 세이쓰·모어모스트(Moremost)·츠크루바[作る場]의 여러분, DMM.make 프로젝트에 협조해준 DMM.com 직원들, 갑작스런 감수 의뢰를 받아준 세레보의 이와사 씨, 모두 항상 깊이 감사하고 있습니다. 무어라 감사의 마음을 표현해야 할지 모르겠습니다.

독자 여러분, 마지막까지 함께해주셔서 감사합니다. 모노즈쿠리가 더 재미있어지도록, 앞으로도 메이커스가 활약할 장을 만드는 데 전념하겠습니다.

오가사하라 오사무

메이커스 진화론

1판 1쇄 인쇄 2016년 5월 6일
1판 1쇄 발행 2016년 5월 12일

지은이 오가사하라 오사무
옮긴이 노경아

발행인 김기중
주간 신선영
편집 강정민, 박이랑, 하명란
마케팅 정혜영
펴낸곳 도서출판 더숲
주소 서울시 마포구 동교로 18길 31(서교동) 카사플로라 빌딩 2층 (04031)
전화 02-3141-8301~2
팩스 02-3141-8303
이메일 thesouppub@naver.com
페이스북 페이지 : @thesoupbook
출판신고 2009년 3월 30일 제2009-000062호

ISBN 979-11-86900-07-9 (13320)

이공계의 뇌로 산다
- 세상을 깊이 있고 유용하게 살아가기 위한 과학적 사고의 힘

완웨이강 지음 / 강은혜 옮김 / 432쪽 / 17,000원

중국아마존 교양분야 베스트셀러 1위, 중국 CCTV 선정 올해의 책

재미있는 실험과 정확한 데이터를 바탕으로 사람의 인식과 감정, 일상생활 등을 흥미롭게 읽어내며, 과학을 단순한 학문이나 지식을 쌓는 수단이 아닌 이 세계를 바라보는 새로운 눈이라는 관점에서 접근한다. 과학은 물론 경제학, 사회학, 심리학, 통계학 등 전방위적 지식을 넘나들며 지적쾌감을 선사한다.

플랫폼 전략
- 장(場)을 가진 자가 미래의 부를 지배한다

히라노 아쓰시 칼, 안드레이 학주 지음 / 천채정 옮김 / 최병삼 감수 / 204쪽 / 값 12,900원

일본 아마존 경영부문 베스트셀러 1위 IGM 선정 'CEO에게 추천하는 경영도서'

모든 기업의 미래전략에 필수불가결한 요소가 된 플랫폼 전략이란 무엇이며 전 세계를 주도하는 기업들이 왜 모두 플랫폼을 구축하려고 하는가. 어떻게 하면 성공하는 플랫폼을 만들 수 있고, 플랫폼의 횡포와 함정은 무엇인지에 대해 명쾌하게 풀어쓴 경영 전략서.

빅데이터 비즈니스
- 끊임없이 쏟아지는 거대한 데이터를 어떻게 새로운 가치로 만들어낼 것인가

스즈키 료스케 지음 / 천채정 옮김 / 244쪽 / 14,900원

전 일본 경제경영 베스트셀러

미래 경쟁력의 척도이자 세계 비즈니스의 최대 화두로 떠오르고 있는 빅데이터란 무엇이며 어떻게 활용할 것인가. 빅데이터는 기업이 무엇을 해야 하는지, 당신이 무엇을 원하는지를 모두 알려주며 21세기형 산업혁명이라 불린다. 기업과 개인에게 새로운 성장의 기회를 줄 맞춤형 전략서.

공공정책을 위한 빅데이터 전략지도
- 성공하는 지자체를 위한 GIS 분석

GIS United 지음 / 232쪽 / 15,000원

위기의 시기에 지자체가 지리정보시스템인 GIS 빅데이터 분석을 이용해 어떻게 변화를 포착하고, 혁신의 기회와 희망을 이끌어냈는지 말한다. GIS를 통해 빅데이터를 시각화하여 행정정책 수립에 성공적으로 반영한 사례들을 보여주며, 현장에서 빅데이터가 쓰이고 있는 생생한 과정을 담고 있다.

시골빵집에서 자본론을 굽다
- 천연균과 마르크스에서 찾은 진정한 삶의 가치와 노동의 의미

와타나베 이타루 지음 / 정문주 옮김 / 235쪽 / 14,000원

**일본아마존 사회정치분야 베스트셀러 1위,
조선·동아일보·한겨레·경향 선정 올해의책(2014)**

'이윤보다는 소중한 것을 위해 빵을 굽고 싶다' 빵의 발효와 부패사이에서 자본주의의 대안적 삶을 찾는 과정을 그린 책. 일본 변방의 작은 시골빵집 주인의 잔잔하고 유쾌한 마르크스 강의를 통해 '부패하고 순환하는 사회'의 가치를 깨우치다.

휘둘리지 않는 힘
- 셰익스피어 4대 비극에서 '나'를 지키는 힘을 얻다

김무곤 지음 / 280쪽 / 14,000원

**한국출판문화산업진흥원 2015년 우수출판콘텐츠 제작지원사업 선정작
신세계 지식향연 필독서/교보문고 북모닝 CEO 필독서**

셰익스피어 4대 비극에 대한 새로운 해석을 통해 나와 타인, 그리고 세상을 제대로 읽기 위한 근원적 해법을 제시한다. 기존의 통념에서 벗어나 이 시대의 눈으로 새롭게 작품을 재해석함으로써 선전과 유혹이 가득한 지금 시대에 보다 현실적인 삶의 교본이 되어줄 것이다.

생각의 융합
- 인문학은 어떻게 콜럼버스와 이순신을 만나게 했을까

김경집 지음 / 495쪽 / 16,500원

상상력이 강조되고 창조와 융합이 요구되는 시대, 융합적 사고가 이루어지는 과정을 다양한 지식과 생각의 이야기들을 통해 엮고 있다. 우리 시대 인문학 멘토 김경집이 인문학적 시각으로 흥미로운 이야기들을 가로지르며 영역을 넓히는 동시에 생각의 깊이를 더해준다.

고장난 저울
- 수평사회, 함께 살아남기 위한 미래의 필연적 선택

김경집 지음 / 203쪽 / 12,000원

현재 한국 사회는 크고 작은 집단에 눌려 개인을 잃어버리고 지배계급을 위해 작동하는, 수평과 균형을 잃어버린 고장난 저울과도 같다. 이 책은 지금 시대의 사회적 의제들에 대해 현실적이면서도 심각하지 않고 누구나 실천할 수 있는 대안을 제시한다.